LAS TÉCNICAS DE ATLETISMO

Manual práctico de enseñanza

JOSÉ CAMPOS GRANELL
JOSÉ ENRIQUE GALLACH LAZCORRETA

Departamento de Educación Física y Deportiva
Universidad de Valencia

**EDITORIAL
PAIDOTRIBO**

Diseño cubierta: David Carretero

© 2004, José Campos Granell
   José Enrique Gallach Lazcorreta
   Editorial Paidotribo
   C/ Consejo de Ciento, 245 bis, 1.°, 1.ª
   Tel.: 93 323 33 11 – Fax: 93 453 50 33
   08011 Barcelona
   E-mail: paidotribo@paidotribo.com
   http://www.paidotribo.com

Primera edición:
ISBN: 84-8019-785-4
Fotocomposición: Editor Service, S.L.
Diagonal, 299 – 08013 Barcelona
Impreso en España por Sagrafic

ÍNDICE

PRÓLOGO

El libro que se presenta es fruto del trabajo y de la colaboración de dos profesionales de la docencia y del atletismo, ya que ambos son profesores universitarios y entrenadores nacionales de atletismo. Su trabajo compartido, no sólo entrenando e impartiendo clase, sino dando cursos para la propia federación y conferencias, les otorga un profundo conocimiento del atletismo que les ha permitido desarrollar un programa que han ido mejorando día a día, y es ahora, con más de 30 años de experiencia a sus espaldas, cuando se han decidido a presentar esta obra.

Junto a una parte introductoria en la que se exponen los antecedentes históricos y los aspectos básicos del entrenamiento, se tratan todas las técnicas del atletismo, tanto en carreras y marcha (salidas, relevos, vallas) como en concursos (saltos y lanzamientos), por lo que se trata de una obra que abarca todas las pruebas del calendario olímpico, y de ahí que se pueda considerar un manual básico y completo de atletismo.

Conocedores de lo farragoso y amplio que resulta el reglamento en su conjunto, han seleccionado los aspectos más importantes relacionados con cada prueba, que se reflejan al inicio de cada capítulo, ya que muchas veces condiciona la propia técnica y la comprensión de la complejidad que rodea a cada disciplina. Ello, unido a la explicación sencilla tanto de los fundamentos mecánicos como de los aspectos técnicos, convierte este libro en un referente.

Conscientes de la importancia de la ejecución correcta de los ejercicios en las fases de iniciación, los autores han seleccionado una amplia gama de ejercicios en todas las especialidades, que no sólo se describen destacando sus aspectos más importantes, sino que se reflejan en series fotográficas que aclaran mejor cada uno de ellos.

Precisamente este aspecto, y su trayectoria docente en la Facultad de Ciencias de la Actividad Física y el Deporte de la Universidad de Valencia, en la que ambos imparten clases desde hace más de 15 años, han decidido a José Campos y José E. Gallach a realizar el esfuerzo de revisar todo su material y darle la forma y el rigor que un libro exige.

CAPÍTULO I

GENERALIDADES

I. INTRODUCCIÓN AL ATLETISMO

1. HISTORIA (ORÍGENES Y EVOLUCIÓN)

Actividades como correr, saltar y lanzar son tan antiguas como la propia humanidad. No en vano, permitieron al hombre primitivo sobrevivir a los ataques de los animales y cazarlos para alimentarse. Pero sin lugar a dudas y a pesar de ello, no podemos decir que sea el deporte más antiguo puesto que en este planteamiento no se daba la competición.

El atletismo moderno es un "deporte olímpico", competitivo y regido por unas normas que tiene sus orígenes mucho más recientes. El nombre lo toma del griego *atlos*, que significa esfuerzo, porque, en un principio, los ejercicios que se practicaban eran: «El pugilato, la lucha, *la carrera, los lanzamientos* de jabalina y disco, el tiro con arco, las carreras de carros y *los saltos*».

Seguramente y por razones de todo tipo (sociales, religiosas, etc.), con el paso de los años los otros deportes perdieron protagonismo y el atletismo quedó reducido a lo que hoy en día entendemos como tal, habiéndose añadido también nuevas pruebas.

«Dos razas europeas, situadas en dos extremos del continente, fueron las primeras en practicar regularmente un atletismo de competición en la misma época, aproximadamente 2.000 años antes de nuestra era, en la Edad de Bronce. Estos pueblos fueron los irlandeses del período precéltico y los griegos de Acadia, así como sus vecinos los cretenses de la época minoica. Es muy probable que se ignorasen unos a otros. Sin embargo, un poema histórico de Aristeo, cronista de la isla de Mármara, menciona un atletismo practicado por los "escitas hiperbóreos". La leyenda se confunde con la realidad, las hazañas son fabulosas y los vencedores aparecen como semidioses, las proezas descritas sobrepasan lo humano» (Bravo J., 1990).

1.1. EN LA GRECIA CLÁSICA

Los testimonios existentes de esta civilización son numerosísimos y de distinta índole. A las múltiples esculturas, vasos y bajorrelieves, debemos añadir las extraordinarias descripciones que nos han llegado merced a Homero tanto en la *Ilíada* como en la *Odisea*, escritas en el siglo VII a. C.

«En cuanto a la leyenda irlandesa, está contenida en un manuscrito conservado en el Trinity College, de Dublín, titulado *Book of Leins* (1160). En él se describen los Juegos de Tailtí, aldea del condado de Meath, organizados a partir del siglo XIX antes de nuestra era y que continuaron durante el asombroso período de 25 siglos» (Bravo J., 1991).

Platón en sus *Leyes*, Homero, Pausanias y Luciano en obras como la *Ilíada*, la *Odisea* o *Hermotimos*, nos han dejado suficiente información como para aceptar que las normas entonces existentes (muchas de las cuales perduran todavía) convirtieron al atletismo griego en el antecesor directo del actual.

Existían las distancias usuales aún hoy para carreras cortas, medias y largas, y estaban reguladas tanto las competiciones como las grandes pruebas de resistencia.

Las representaciones de los vasos reproducen con gran fidelidad el estilo, la posición del busto y la dinámica de los brazos y las piernas al avanzar, diferenciando incluso a los velocistas de los fondistas.

Aunque las distancias se dividieron en tres subgrupos, como es natural no eran exactamente iguales a las de hoy, aunque tampoco existen grandes diferencias.

Del mismo modo que *la vara* castellana y la aragonesa no medían lo mismo o que la *milla* terrestre y la marina no tienen la misma dimensión, el pie tenía un valor en cada región y por ende el estadio (que tenía una longitud de 600 pies) variaba entre 150 y 200 metros.

La distancia más corta sobre la que se competía era *el estadio*, seguida del *diaulus* (dos estadios) y el *hippios* (cuatro estadios), que sería el equivalente al 800 actual.

En los juegos olímpicos, las carreras de larga distancia variaban entre las de 7, 10, 12, 20 y 24 estadios. En Delfos tenía lugar una carrera de larga distancia, de 12 vueltas a una pista de 177,5 metros (total 2.130 metros). Se menciona además una serie de carreras de resistencia que Filostratos atribuye, razonablemente, a una unidad militar. Los corredores de largas distancias se entrenaban corriendo diariamente de 8 a 10 estadios. Se dice de Ageos de Argos que después de haber vencido en la carrera de larga distancia, en la 113 Olimpiada, en el mismo día volvió corriendo a su ciudad natal, situada a 100 kilómetros, para dar la noticia. También Drymos recorrió la distancia que le separaba de Epidauro –140 kilómetros a vuelo de pájaro– tras su victoria olímpica.

Los espartanos consideraban distintas categorías entre los deportistas, que variaban desde los niños que no habían competido antes (apodromoi) hasta quienes llegaban a competir durante 10 años consecutivos (decadromo).

«Los jóvenes corrían sobre distancias más cortas que los adultos; según Platón, los niños corrían la mitad de la pista, o sea unos 95 metros, y los jóvenes imberbes, los dos tercios de la pista, distancia equivalente a 130 metros. Para las mujeres, en cambio, el filósofo propuso las tres distancias grandes.

Una afirmación de Filostratos, según la cual los ejercicios se hacían sobre foso de arena, ha sido rebatida por las excavaciones. En Olimpia al menos se halló una capa de arcilla verdosa, bien nivelada y cubierta con un finísimo revestimiento de arena blanca. Por la gran cantidad de pistas dispuestas en hilera –hasta veinte en Olimpia– resulta fundada la suposición de que podían competir muchos participantes en cada carrera. En los vasos quedan siempre reproducidos cuatro, cinco o seis participantes, aunque las citas clásicas hablan a menudo de nueve o doce. Si su número era excesivo, se hacían carreras eliminatorias, como en la actualidad» (Diem C., 1966).

La salida

En las competiciones clásicas, la salida se realizaba con el cuerpo erguido, a la voz de *va*. Para ello se disponía una losa de piedra en el extremo de la pista, que señalaba el punto de partida, colocada perpendicularmente a la dirección de carrera. Dichas losas tenían por lo general dos ranuras, separadas entre sí unos 15 cm, en las que se apoyaban los pies.

Algunas veces se producía una salida prematura, lo que era considerado como «hurto» no permitido. El que salía antes de que fuese dada la señal era castigado con golpes de vara (que se puede ver en la mano de los entrenadores en algunas pinturas).

«Más tarde, y quizá por la experiencia de las carreras de caballos, se introdujo la barrera automática para la salida, consistente en una cuerda o vara que se colocaba ante los corredores y de la que se tiraba hacia arriba, o se hacía caer al suelo. Por el empleo de este método se explican las muescas en las columnas de meta y en los bordillos de salida que hallamos por ejemplo en el gimnasio de Olimpia –aunque no en el estadio–, en las pistas del Agora de Corinto, en el templo de Dídima y, por último, en el antiguo estadio de Istmia. Éste estaba dirigido hacia el altar de Poseidón, y disponía además de la línea normal de salida, hecha de piedras con las habituales ranuras, otra línea con barrera automática a continuación. La pista tenía 20 metros de anchura, y en medio, detrás de la línea de salida, había un hoyo redondo de aproximadamente 1 metro de profundidad, donde se situaba el encargado de dar la salida. De este punto partían 16 cordones, que pasaban por estaquillas de bronce y estaban alojados en unas ranuras de 1 cm de profundidad y anchura, llegando hasta cada una de las columnas de salida en las 16 pistas, cada una de las cuales tenía 1,50 metros de anchura. Las columnas seguramente sustentaban las barreras horizontales, que en el momento de comenzar la carrera eran alzadas o abatidas por medio de los cordones.

Se conserva una imagen del dispositivo de salida anteriormente descrito en un manuscrito medieval, el *Codex Coburgensis;* el dibujo es una copia de modelos antiguos: los corredores esperan detrás de la barrera, que descansa sobre unos apoyos situados a la altura de las ingles. Se conserva un fragmento de un relieve que confirma esta disposición.

En Luciano leemos las baladronadas del bocazas Pluto: «Tan pronto como caiga la cuerda de salida, me proclamarán vencedor, después de cruzar el estadio de tal modo que ni se me verá».

El sorteo de las calles tenía lugar según un ceremonial que describió Luciano en su *Hermotinos.* En Olimpia, se empleaba una urna de plata consagrada a Zeus, siendo las bolas del tamaño de un altramuz" (Diem C., 1966).

Algunas carreras, como las que se celebraban con el equipo militar, han dado lugar a nuevos deportes como el biathlón, y otros que no se celebraban en los juegos de la Olimpiada se han incluido en el programa actual, como es el caso de la *carrera de las antorchas.*

Los relevos

Esta modalidad estaba muy extendida, sobre todo en las competiciones de carácter funerario. El objeto primitivo era seguramente el de transportar la llama de un fuego sagrado a algún lugar de las colinas, por medio de una antorcha hecha de la médula del arbusto narthex. Lentamente fue evolucionando hacia una carrera ritual, siempre de un altar a otro. En la célebre carrera de relevos de Atenas, se encendía la antorcha en el altar de Eros, erigido en la Academia de Platón, y se llevaba sobre una distancia de 1.600 metros, aproximadamente, a la necrópolis honoraria del Kerameikos. En el Museo Británico de Londres hay un relieve en el que se puede ver a la diosa Artemis Bendis portando una antorcha; al lado de la diosa hay dos gimnastas barbudos vestidos con túnicas, uno de los cuales entrega una antorcha. Les siguen ocho atletas, en dos equipos de cuatro; el primero lleva también una antorcha. Tenemos por lo tanto dos antorchas, dos profesores y dos equipos de cuatro hombres; lo que significa una carrera de 4 x 400, sobre un trayecto de 1,6 km. Las antorchas eran de cera y con plato para proteger las manos.

Unas instrucciones anónimas para rectores del año 8 a. c., indican claramente su carácter de carreras de relevos: «Así como en la palestra el que recibe la antorcha es más veloz que el que la entrega, ya que el corredor cansado da la antorcha al corredor fresco...» (Diem C., 1966).

Los saltos

«La afición a los saltos es cosa tan natural que no podía faltar entre los helenos. Lo extraño es que nunca se menciona el salto de altura, aunque sí el de longitud, si bien en una única ocasión –en unos juegos Eleusinos– como competición separada; normalmente formaba parte del pentatlón. En cuanto a saltadores notables, se citan los nombres de Phayllos de Crotona (498 a. C.), uno de los más célebres atletas de la antigüedad, dos veces vencedor del pentatlón de Delfos y varias veces en carreras de velocidad, con un salto de 55 pies délficos, y el espartano Chionis, que saltó 52 pies en la 29ª Olimpiada (664 a. C.). Estas distancias equivalen a 16,28 y 16,31 metros, lo que es imposible, a menos de tratarse de un triple salto» (Diem C., 1966).

También, en nuestra opinión, sería posible justificar tales marcas si se tratase de premiar la regularidad y el resultado de la competición fuese la suma de los tres saltos. No obstante parece más probable que fuera un triple salto, aunque sorprende la preferencia de los griegos por esta modalidad.

«Los saltadores siempre son representados con halteras en las manos, que se utilizaban seguramente para facilitar la caída. De los textos e imágenes se desprende que los pesos deben favorecer la labor de los brazos y el torso, alcanzándose una mayor distancia en el salto.

Del salto con pértiga sólo nos ha llegado el nombre, sin que dispongamos de ningún testimonio acerca de marca deportiva alguna;

sin duda era utilizado para saltar sobre el caballo. Esto no deja de ser curioso pues saltar sin ayuda de ningún recurso a lomos de los caballos helenos (de alzada relativamente reducida) no era precisamente una proeza gimnástica» (Diem C., 1966).

También aparecen grabados en los que vemos a los atletas provistos de una pértiga saltar sobre el minotauro.

Los lanzamientos

«Los helenos empleaban dos instrumentos de lanzamiento: el disco y la jabalina. El disco se hizo de piedra al principio, luego de plomo y por último de bronce fundido o bien repujado. También había discos de madera. El peso y diámetro de los discos podía variar mucho; de los hallados, el más ligero pesa 1,3 kg, y el más pesado, de las excavaciones de Olimpia, 6,6 kg. Sus diámetros varían entre 17 y 31 cm. Sabemos por Pausanias que los juveniles utilizaban discos de menor tamaño, como ocurre con los aparatos empleados en las actuales competiciones femeninas. El disco olímpico debía de tener unas medidas fijas y conocidas por todo el mundo, puesto que Filostratos dice en la historia de los héroes, refiriéndose a un atleta, que lanzaba el disco «a más de 100 varas» y en altura «hasta las nubes», aunque era «de doble tamaño que el disco olímpico».

Entre los discos que se conservan actualmente los hay de un gran valor artístico, con magníficos cincelados, representaciones de saltadores y lanzadores de jabalina, o bien con figuras incrustadas, como delfines de plata, un perro corriendo, una lechuza sentada y otras ornamentaciones.

Hay que distinguir entre los objetos dedicados al uso y las obras de arte hechas con carácter votivo. Es de suponer que los discos empleados en las competiciones se guardaban en el lugar de su celebración, como la casa del tesoro en Sicione para la competición olímpica.

«Del atleta Phlegyas se dice que su distracción favorita era lanzar el disco por encima del río Alpheios, en su parte más ancha y sin que nunca le cayera al agua. Esta indicación es muy vaga, aunque se supone que se trataría de 50 a 60 metros, marca que es posible con un disco de poco peso. La técnica puede verse en múltiples reproducciones, pero sobre todo en el discóbolo de Mirón, cuyo original no se ha conservado aunque sí numerosas copias.

Los griegos tenían suficientes conocimientos físicos como para obtener el pleno rendimiento del movimiento helicoidal de los músculos y la fuerza de las piernas por medio de una trayectoria horizontal determinada por la fuerza centrífuga del disco. El lanzamiento, sin duda, debía realizarse partiendo de una línea, y no desde una pequeña plataforma alzada como se suponía a causa de la interpretación errónea de la descripción de Filostrato.

En el canto XXIII de la *Ilíada*, Homero describe la acción: «El deportista secaba el disco y sus manos con arena, retrocedía para tomar impulso, giraba rápidamente sobre sí mismo y acto seguido arrojaba el disco». Como testimonio de que se daba un impulso giratorio se tienen los poemas romanos, entre los que podemos citar la *Thebaís*, de P. Papinus Statius de Nápoles (siglo I d. C.)" (Diem C.,1966).

Del lanzamiento de jabalina también poseemos amplias referencias por las reproducciones de los vasos. «La jabalina deportiva, en contraste con el arma del soldado, era muy ligera, de madera de saúco y con punta roma; su longitud era algo inferior a la altura humana, y algo detrás del centro de gravedad, como hoy en día, llevaba enrollado un cordón o tira delgada de cuero, formando tres vueltas estrechas, dos vueltas amplias y otras tres estrechas, y finalmente un lazo. En este lazo se colocaban uno o bien dos dedos que lo tensaban, y mientras la otra mano conducía hacia atrás la jabalina, los restantes dedos asían la guarnición de cuero. Se tomaba impulso a la carrera y se arrojaba el aparato desde una línea que no debía sobrepasarse. El lazo aseguraba el impulso, y tal vez también un giro que podría interpretarse como impulso circular, y podría ser del brazo actuante, o el del cuerpo al describirlo sobre sí mismo. El lanzamiento de jabalina se practicó en principio como tiro de distancia, casi siempre formando parte del pentatlón, aunque hubo competiciones especiales en Koressia, isla de Keos. Otra variante que atestiguan las imágenes es la de tiro al blanco desde el caballo, formando el blanco unas grandes planchas provistas de aros» (Diem C., 1966).

1.2. EN EL REINO UNIDO

Desde 1660, fecha de la Restauración monárquica llevada a cabo por los Estuardo, existieron numerosos corredores profesionales, que actuaban en los espectáculos circenses o estaban al servicio de la nobleza rústica en calidad de correos ligeros. Estos *footmen* llevaban las noticias hasta la ciudad y precedían el coche de su señor para anunciar la llegada del mismo, cosa que no era nada extraordinario dadas las malas condiciones en que se hallaban los caminos, lo cual imposibilitaba que los coches se desplazaran con rapidez. Estos corredores participaban en competiciones a las que asistían sus señores, quienes apostaban grandes cantidades por sus respectivos servidores o premiaban largamente al vencedor. En una carrera celebrada en Woodstock Park en el año 1720 fueron ofrecidas 1.000 libras al ganador. Una gran multitud asistió a la competición (Diem C., 1966).

Los artesanos participaban en la vida deportiva en la misma medida que los burgueses. Se cuenta que los sastres de Londres se entrenaban en los parques de dicha ciudad a las cinco de la mañana, antes de empezar el trabajo. También tomaban parte en concursos deportivos, juntamente con miembros de otras clases sociales. Hubo un tiempo en que el mejor corredor fue un sastre de nombre Tawersham. Las carreras cubrían desde 100 y 200 yardas hasta 80, 100 y 150 km.

Los entrenamientos de Allardice fueron los primeros que tuvieron una verdadera sistemática. Se reconoció la importancia que algunos ejercicios poseían para la función respiratoria, en general, y para el desarrollo de la caja torácica, en particular. También se llegó a la conclusión de que el deporte influía en las funciones mentales, mejorando el nivel general de la inteligencia y la facultad de concentración.

El interés por el pedestrismo crecía sin cesar en Inglaterra. El primer libro sobre la materia, escrito en 1813 por Walter Tom, tenía un largo título: *Pedestrianísin, or an account of the performances of Celebrated Pedestrians during the last and present Century with a Narrative of Captain Barciay's public and private Matches, and an Essay on Training*. Los tramos largos han tenido siempre muchos amigos en la isla. En 1911 se fundó la asociación The Centurions, cuyos miembros eran atletas no profesionales que debían ser capaces de cubrir en 24 horas las cien millas. Una relación de miembros del año 1929 totaliza 98 afiliados. El primero de ellos fue F. W. Baker, que en junio de 1926 recorrió la distancia que separa Londres de Brighton, en un sentido primero, y en el inverso acto seguido, en un total de 18 horas, 5 minutos y 51 segundos.

Los primeros campeonatos de atletismo ligero celebrados de acuerdo con reglas fijas tuvieron lugar en Eton en el año 1845. Una competición parecida se había celebrado un año antes en la Universidad de Dublín. Las diferentes universidades solían medir sus fuerzas recíprocamente. Es característico el ejemplo de Oxford y Cambridge, que se han enfrentado más de 80 veces. Al principio se celebraban carreras cortas, medias y largas. Posteriormente se introdujeron las carreras de vallas y de obstáculos. Siguió la adopción de los saltos de altura y longitud. Finalmente, entraron a formar parte de las pruebas el lanzamiento de bola y el cricketball, que más tarde se cambió por el lanzamiento de martillo.

Los primeros campeonatos irlandeses de atletismo tuvieron lugar en 1873, es decir, siete años después de los ingleses. Pero mucho antes se celebraron ya competiciones locales de carreras a través de bosque, carreras de obstáculos, levantamiento de peso y saltos (Diem C., 1966).

1.3. EN ALEMANIA

Para la práctica del atletismo se buscaba un terreno plano y con césped, como por ejemplo el de Tempelhof, al sur de Berlín. Allí se delimitaba la pista con una cinta blanca en el suelo y se practicaban todos aquellos deportes que los ingleses incluyen bajo el nombre de «athletic sports».

Las primeras competiciones se celebraron a finales de 1880-1890 gracias a la labor del Club de Fútbol de Frankfurt, que se había fundado en Berlín. Al lado izquierdo del campo de Tempelhof se celebró un pequeño festival de atletismo al que acudieron los miembros del Club de Fútbol Germanía de Berlín, los del Club de Cricket de Berlín y algunos gimnastas. Varios compatriotas suyos realizaban, por aquel entonces, grandes esfuerzos para que se pudiesen celebrar en Hamburgo los primeros festivales deportivos.

En 1890, el Club de Cricket de Berlín celebraba en un campo de la Motzstrasse, y con gran éxito, el primer festival de atletismo. Un año más tarde se celebró otro festival que tuvo gran expectación. Se medían entonces los recorridos en unidades inglesas: por ejemplo, se corría la milla en 4 minutos 34,4 segundos. Pronto se vio la necesidad de introducir el sistema decimal y de implantar unas reglas fijas. Con ese fin se creó en 1893 la Asociación de Atletas Alemanes Amateurs y en 1894 la Federación General del Deporte Alemán, pero ambas entidades no perduraron por mucho tiempo. Por fin, el 31 de enero de 1898, se reunieron en Berlín los representantes de las asociaciones deportivas de seis grandes ciudades alemanas, y fundaron la Autoridad Competente en el Atletismo Alemán. La labor de esta entidad la continúa realizando hoy en día la Asociación de Atletismo (Diem C., 1966).

1.4. EN ESPAÑA

Las asociaciones deportivas

A finales de 1800 las prácticas deportivas eran todavía patrimonio casi exclusivo de las clases altas y los nuevos deportes anglosajones apenas estaban implantados. Cuando el barón de Coubertín se dirige a la Reina solicitándole un nombre para su Comité Olímpico, le pide que sea aristócrata y con solvencia económica.

En la carta de aceptación del conde de Mejorada del Campo de fecha 21 de febrero de 1902, éste le dice al restaurador de los Juegos que tiene otros dos títulos de nobleza heredados de su familia (marqués de Villamajor y duque de las Torres). En la carta también menciona los deportes nacionales: «el juego de pelota y el manejo de los toros»... y que hacía esfuerzos para enviar un equipo de corredores y otro de esgrima a los Juegos Olímpicos (no se participó con equipo hasta los Juegos de 1920).

Los gimnasios son, seguramente, el embrión de los primeros clubes de atletismo. En Madrid, la Sociedad Gimnástica Española (fundada el 2 de marzo de 1887) organiza competiciones atléticas desde primeros de siglo.

El Gimnástico de Tarragona es fundado en febrero de 1886 (hasta 1914 hacían gimnasia y otras actividades, con un número limitado de 15 socios dentro del club social; a partir de 1914 hacen deportes al aire libre, «incluso atletismo»).

También la Federación Atlética Vizcaína tiene su origen en un gimnasio. En 1879, José Zamacois funda la Sociedad Gimnástica Zamacois.

Las primeras publicaciones en idioma español sobre atletismo incluyen secciones de gimnasia y otros deportes atléticos (casi siempre copiando de Francia).

Los franceses se dejan notar sobre todo en Guipúzcoa, y los reglamentos que utiliza la Confederación Española de Atletismo en los primeros años son un calco de los de la Union des Sociétés Françaises de Sports Athlétiques (USFSA).

Los entrenadores de las federaciones regionales y de la nacional serán en la mayoría de las ocasiones alemanes o franceses.

Las primeras federaciones regionales

La **Federación Atlética Catalana**, la primera en organizarse, celebra una primera reunión preparatoria el 30 de marzo de 1915. En el local de la Real Sociedad Colombófila de Cataluña tuvo lugar, el jueves día 2 de septiembre de 1915, la asamblea de constitución de la Federación Atlética Catalana. En 1916 adoptará el nombre de Real Federación Atlética Catalana, con el que seguirá hasta 1918. La forman 16 clubes.

La **Federación Atlética Guipuzcoana** tiene su antecedente en la Federación Atlética Donostiarra, creada el 15 de abril de 1915 por Manuel Orbea. Parece que la constitución definitiva se produjo a primeros de junio. Se afiliaron 13 clubes donostiarras, tres de Eibar y uno de Vergara.

La **Federación Castellana de Deportes Atléticos**, luego Federación Castellana de Atletismo, se inicia con una primera reunión el 24 de agosto de 1916 en la que se acuerda por unanimidad constituir la Federación Atlética Castellana.

Los Estatutos son aprobados en la asamblea (la forman 11 clubes) del 30 de septiembre de ese mismo año. Se tendrán en cuenta los reglamentos de la Unión de Sociedades Francesas de Deportes Atléticos (USFSA). Los Estatutos de la federación Castellana de Deportes Atléticos (aparecerá a veces como FAC y otras como FCA) son aprobados el 10 de octubre de 1918 y editados inmediatamente. Dicen, entre otras muchas cosas, que será misión suya: la organización de pruebas oficiales y la formación y conservación del censo atlético de la región, así como la estadística y movimiento de récords regionales.

La asamblea constituyente de la **Federación Atlética Vizcaína** se realizó el 3 de diciembre de 1917. Hay que mencionar una primera FAV que organizó pruebas entre 1906 y 1909.

Las regionales adheridas posteriormente a la nacional

Una quinta Federación viene a unirse a las cuatro anteriores: la **Federación Atlética Montañesa**. A finales de 1918 o principios de 1919, y con el objeto de poder presentar un equipo en el Cross Nacional de San Sebastián, se constituyen en Comité.

La primera reunión para aprobar el Reglamento de la Federación Atlética Montañesa se celebró el día 1 de noviembre del año 1919. La nueva Federación es reconocida legalmente por el Gobernador Civil el 27 de noviembre de 1919.

La **Federación Atlética Levantina** se debe a José Agulló Aseure, presidente de la agrupación de periodistas deportivos de Alicante, que ya asiste a la Asamblea de 1919. En 1928 se integra en la Federación Valenciana, que se había creado en diciembre de 1924.

La **Federación Gallega de Atletismo** tiene su primer antecedente en la Agrupación Pedestrista Gallega, que asiste a la asamblea del 27 de marzo de 1920 en Bilbao. El 11 de marzo de 1921 son aprobados los Estatutos por el Gobierno Civil de la provincia, y el 27 del mismo mes se reúne la asamblea constituyente.

La **Federación Aragonesa de Atletismo**, en preparación según el acta de Santander de 1921, tardó algo más en gestarse. A principios de octubre de 1919 se crea la Federación Zaragozana de Sociedades Deportivas. El 2 de enero de 1923 varios deportistas se reúnen en Huesca y tratan de crear la Federación Regional de Deportes. También a primeros de año aparece la Unión Atlética Aragonesa como sección de Atletismo de la Asociación Aragonesa de Cultura Física.

Los documentos indican que es a finales de mayo de 1923 cuando se crea la Federación Aragonesa de Atletismo, que se afilia a la Confederación Española de Atletismo.

Otra Federación a la que también se da como ya fundada es la **Federación Atlética Asturiana.** En la asamblea de federaciones del 26 de marzo de 1921 figura que los asturianos envían su adhesión y que estaban en preparación. Otra nota, esta vez oficial de la Federación Asturiana de Atletismo del 12 de noviembre de 1927, atestigua su existencia. Se compone de 3 clubes.

La **Federación Valenciana de Atletismo**. Desde 1908 es posible seguir los resultados de competiciones atléticas celebradas en Valencia y su región. El 25 de noviembre de 1917, en la plaza de toros, tuvo lugar la I Olimpiada Valenciana. Hubo una Federación Levantina, con sede en Alicante, que pervivió hasta 1928. En la Asamblea Nacional del 25 de marzo de 1926, la Federación de Alicante (Levantina) se integra en la de Valencia. El 25 de diciembre de 1924 se constituye la Federación Valenciana de Atletismo, filial de la Real Confederación Atlética Española.

La **Federación Navarra de Atletismo**. A primeros de 1924 dos sociedades deportivas navarras acaparan el pedestrismo. Intentan afiliarse a la Federación Atlética Guipuzcoana, pero no son admitidas y se les indica la conveniencia de crear una Federación Navarra.

El 9 de enero de 1925 celebró sesión el Comité Directivo provisional de la Federación. Se formó con 10 clubes y más tarde se incorporan 5 clubes más. En la asamblea nacional de marzo de 1928 son integrados en la Federación Atlética Guipuzcoana.

La **Federación de Atletismo de Murcia**. Es admitida su filiación en la Nacional, en la asamblea de 25 de julio de 1925, en Tolosa. En 1926 organiza sus primeros campeonatos en La Condomina. La forman 6 clubes.

La **Federación Andaluza de Atletismo**. Su ingreso en la Nacional se produce en la asamblea de San Sebastián en febrero de 1926. Participan en el campeonato de cross de 1928 en Santander y en el campeonato de pista de 1933 en Madrid (el llamado «ilegal»).

En la Asamblea del 8 de marzo de 1936 en Madrid, se le concedió a **la Marina de Guerra** la categoría de **Federación Regional** por un período de prueba de tres años. Es la decimocuarta en incorporarse a la Confederación (aunque ya se habían producido varias bajas) y venía celebrando sus campeonatos, el primero en 1931 en Cartagena, y de forma ininterrumpida hasta los VI Campeonatos en El Ferrol, en julio de 1936, escasos días antes del Alzamiento. Aunque era una federación un tanto atípica por su territorialidad, su trabajo en pro del atletismo y su organización, competencia y colaboración, hacían imprescindible algún tipo de reconocimiento. Su tabla de récords demuestra su potencial, en aquel momento sólo superados por las tres grandes.

La federación nacional. Antecedentes

Ya se habían celebrado las primeras competiciones de pista un tanto serias en 1914: Juegos Olímpicos Madrileños, Concurso Olímpico de Barcelona, Olimpiada de Jolastokieta en Alza y la Olimpiada de Bilbao, en el campo de Volantín.

También se habían disputado algunos campeonatos nacionales de cross. El primero se celebró el 6 de febrero de 1916 organizado por el semanario *España Sportiva*, que publicó el 25 de noviembre de 1915 el reglamento del Gran Premio Nacional - Campeonato de España - Copa Rodríguez Arzuaga.

Creadas las primeras federaciones territoriales, era el momento de unirse y reglamentar los distintos aspectos y campeonatos atléticos.

Pacto interfederal

Las federaciones de Castilla, Cataluña, Guipúzcoa y Vizcaya aprueban el pacto para poder realizar las competiciones nacionales. Es el nacimiento de la que será la actual Real Federación Española de Atletismo y se acuerda realizar las competiciones por rotación y celebrar reuniones o asambleas con motivo de los campeonatos de cross y pista.

Cross			Pista		
Fecha	**Año**	**Lugar**	**Fecha**	**Año**	**Lugar**
11-2	1917	Madrid	8/10-9	1917	San Sebastián
2-3	1918	Barcelona	12/13-10	1918	Madrid
23-2	1919	San Sebastián	18/19-10	1919	Barcelona
28-3	1920	Bilbao	24/25-7	1920	San Sebastián

En agosto, la Federación Castellana publica el reglamento de los Campeonatos de España, que se organizarán los días 12 y 13 de octubre.

Pruebas: 100 m, 200 m, relevos 4 x 250, altura con impulso, pértiga, triple salto, peso, disco, jabalina, martillo y granada.

Por equipos: Castilla obtiene 9 victorias, Guipúzcoa, 7, Cataluña, 1, y Vizcaya, 1.

El acta fundacional (año 1920)

En la Villa de Bilbao, el 27 de marzo de 1920, se reunió la Asamblea de Federaciones Atléticas de España, convocada por la Federación Atlética Vizcaína, que presidió la reunión.

A la cita asistieron la Federación Guipuzcoana, la Federación Castellana, La Federación Levantina, La Federación Montañesa, la Federación Catalana y la Agrupación Pedestrista Gallega. El presidente, después de saludar a los asambleístas, explicó algunas incidencias y se pasó al orden del día, donde se adoptan los acuerdos siguientes:

Educación física obligatoria. A propuesta de la Federación Atlética Montañesa se acuerda pedir la implantación de la cultura física obligatoria en las escuelas y la creación de la Cartilla de Educación Física, encargándose de ello el Estado donde no haya régimen concertado y las Diputaciones en las provincias con concierto. Se acuerda también pedir el establecimiento del Real Decreto de 25 de mayo de 1915 *y la creación de la cátedra de cultura física* en la Escuela Superior de Magisterio.

Campos de deportes. Como una consecuencia de la implantación de la educación física obligatoria, se acuerda pedir el establecimiento de estos campos y que *se obligue a los Ayuntamientos a que consignen en sus presupuestos subvenciones para cultura física.*

Creación de la Federación Atlética Española. A propuestas de la FAG se acuerda por unanimidad formar la Federación Española y que provisionalmente se forme un Comité. Tendrá su domicilio en San Sebastián.

Se encarga a la FAG que *redacte un proyecto de reglamento* que se discutirá en la asamblea que se celebrará en San Sebastián con motivo de los campeonatos atléticos de este año. La FAG se compromete a enviar el proyecto un mes antes a cada federación.

El 24 de julio de 1920 tiene lugar una asamblea extraordinaria en el Campo de Atocha de San Sebastián, donde se acuerda aprobar provisionalmente el reglamento redactado por la Guipuzcoana y se designa el Comité Directivo que deberá regir provisionalmente la Federación Atlética Española.

Se iba a seleccionar un equipo para participar en los Juegos Olímpicos de Amberes, y España tenía que integrarse en la Federación Internacional de Atletismo para poder participar, por lo que se acuerda unánimemente la inmediata creación oficial de la Federación Atlética Española. El equipo de atletismo, que participa por primera vez en unos Juegos Olímpicos, está compuesto por 13 atletas.

Constitución de la Federación Española (año 1921)

El acta de la asamblea de delegados celebrada en Bilbao el 27 de marzo de 1920, en el que figura el acuerdo unánime de formar la Federación Atlética Española, recoge la adhesión a la Internacional y expone que en el último congreso de la Federación Atlética Internacional se escuchó por primera vez la voz de España, previamente incorporada a tan importante organismo atlético.

Se acordó también que el próximo congreso, así como los siguientes Juegos Olímpicos, se celebraran en España.

En la misma reunión se acuerda conceder a la Federación Levantina la organización del VII Cross Nacional, que se celebrará en Alicante el primer domingo de marzo de 1922. También se decide que la Real Federación Atlética Española imprima los reglamentos para su divulgación.

Las primeras instalaciones

El atletismo necesitaba unas instalaciones propias que reuniesen los requisitos reglamentarios.

Teniendo en cuenta que una pista de 400 metros necesita un terreno de 160 x 90 metros, mucho más grande que un campo de fútbol, hockey, polo e incluso que las propias plazas de toros, es fácil comprender que las primeras reuniones atléticas (1914) se disputen en el campo de fútbol del Atletic Club de Madrid, en la calle O'Donnell (4-7 de abril), y se denominaron Juegos Olímpicos Madrileños.

El Concurso Olímpico de Barcelona (5 de julio) se celebró en las instalaciones del Real Polo Hockey Club, y la Olimpiada organizada por la sociedad Jolastokieta en Guipúzcoa tuvo lugar en el campo de fútbol de Alza (cerca de Pasajes).

El 1 de noviembre de 1923 se inauguró el estadio de Berazubi en Tolosa, en el que se disputaron los campeonatos de 1924, 1925, 1926, 1932, 1934 y 1935. La pista era de ceniza, de 400 metros de cuerda y de 6 metros de anchura, excepto en la recta que tenía 7 metros. El estadio metropolitano de Marid se inauguró oficialmente el 13 de mayo de 1923. En él se disputaron los Campeonatos de España de 1927 y el primer encuentro internacional entre España y Portugal en octubre de 1925. En 1931 se celebraron los primeros Campeonatos de España femeninos

El campo de fútbol era de 105 x 67 metros y alrededor se colocó la pista pedestre, de 7,50 metros de ancho (6 calles), con rectas de 110 metros y curvas de radio mínimo de 35 metros.

El campeonato de 1928 se celebra en Reus en las instalaciones del Reus Deportivo, que sólo tienen 350 metros de cuerda.

El estadio de Montjuïc se construye para la Exposición de 1929 y se inaugura con la presencia de Alfonso XIII el 20 de mayo con un partido de fútbol, uno de rugby y diversas pruebas de atletismo (carreras de velocidad). La pista de ceniza era de 500 metros (reglamentaria en aquel entonces) y de 8,40 metros de ancho.

Con anterioridad y desde 1898 se habían realizado algunas competiciones con pruebas aisladas y con motivo de otros eventos deportivos casi siempre.

2. ESPECIALIDADES ATLÉTICAS

2.1. CARRERAS Y CONCURSOS

Actualmente el programa de atletismo lo podemos dividir en:

A) Carreras
B) Concursos

Las carreras, que se dividen a su vez en lisas y con obstáculos, se disputan sobre distancias que pueden tener su origen tanto en la antigua Grecia (el estadio) como en el Reino Unido (la milla), puesto que en ambos casos coinciden prácticamente con las imprecisiones propias de las formas de medir de la época.

El doble estadio eran aproximadamente 400 metros y el cuarto de milla es casi la misma distancia. A partir de ahí con múltiplos y divisores diferentes aparecen todas las pruebas clásicas, y sólo las más modernas, incorporadas cuando el atletismo es universal, se ajustan al sistema métrico decimal. Expuestas por grupos de especialidades, las carreras podemos dividirlas como se indica a continuación:

Carreras lisas

– Velocidad: 100, 200 y 400 metros.
– Medio fondo corto: 800 y 1.500 metros.
– Medio fondo largo: 5.000 metros.
– Fondo: 10.000 metros.
– Maratón: 42.195 metros.

Carreras con obstáculos

– 100 (f), 110 (m), 400 (m y f) y 3.000 (m).

Los concursos se dividen a su vez en saltos y lanzamientos, y, como ya hemos dicho, también tienen diferentes orígenes: si los griegos practicaban la longitud, la jabalina y el disco, Irlanda y Escocia aportan el triple salto y el martillo.

También en este caso y además de la división ya apuntada, existe otra no menos interesante y ligada a los fundamentos técnicos y mecánicos.

Saltos

– Horizontales: longitud y triple.
– Verticales: altura y pértiga.

Lanzamientos

– Lineales: peso y jabalina.
– Circulares: disco y martillo.

2.2. MARCHA, RELEVOS Y PRUEBAS COMBINADAS

Todavía nos quedan otros grupos entre los que estaría la **marcha**, cuyas distancias son:

– 50 y 20 km masculino.
– 20 km femenino.

Cuando el atletismo deja de ser un deporte individual y se convierte en deporte de equipos, surgen **los relevos**:

– Corto: 4 x 100 m.
– Largo: 4 x 400 m.

Por último, cuando los atletas son *completos* y no hacen una sola especialidad sino que las realizan **combinadas** tenemos:

– Decatlón (masculino): 3 carreras, 3 saltos, 3 lanzamientos y los 110 m vallas.
– Heptalón (femenino): 2 carreras, 2 saltos, 2 lanzamientos y los 100 m vallas.

Estas disciplinas, como indica su etimología, son 10 y 7 pruebas, respectivamente, en las que se mezclan carreras, saltos y lanzamientos.

El calendario de **pista cubierta**, por razones fundamentalmente técnicas, es mucho más reducido y se disputan únicamente las siguientes pruebas:

Carreras lisas

– Velocidad: 60, 200 y 400 metros.
– Medio fondo: 800, 1.500 y 3.000 metros.

Carreras con obstáculos

– 60 m vallas.

Saltos

– Horizontales: longitud y triple.
– Verticales: altura y pértiga.

Lanzamientos

– Peso.

Combinadas

– Heptathlón (masculino): 60 m, longitud, peso, altura, 60 m vallas, pértiga y 1.000 m.
– Pentatlón (femenino): 60 m vallas, altura, peso, longitud y 800 m.

Tabla 1. Marcas de referencia en cada una de las pruebas del calendario oficial en las categorías juvenil, junior y absoluta

	EDAD	CATEGORÍA	PRUEBA	HOMBRES	MUJERES
VELOCIDAD	23	SENIOR	100	10" 8	12" 4
			200	21" 7	25" 7
			400	48" 6	58" 2
	18 Y 19	JUNIOR	100	11" 2	12" 8
			200	22" 7	26" 6
			400	51"	1'01"
	17	JUVENIL	100	11" 5	13" 1
			200	23" 6	27" 5
			400	52" 4	1' 02"
MEDIO FONDO	23	SENIOR	800	1' 51"	2' 14"
			1.500	3' 49"	4' 35"
			5.000	14' 30"	17' 36"
	18 Y 19	JUNIOR	800	1' 56"	2' 20"
			1.500	4' 00"	4' 50"
			5.000	15' 25"	20' 00"
	17	JUVENIL	800	2' 00	2' 26"
			1.500	4' 11"	5' 04"
			5.000	16' 40"	25" 00
FONDO	23	SENIOR	10.000	30' 41"	40' 54"
			MARAT	2 h 28"	3 h 44'
	18 19	JUNIOR	10.000	36'	—
			MARAT	—	—
	17	JUNIOR	10.000	37'	—
VALLAS Y OBSTÁCULOS	23	SENIOR	110	15" 0	15" 3 (100)
			400	54" 8	1' 06"
			3.000	9' 13"	—
	18 Y 19	JUNIOR	110	17" 2	16"4 (100)
			400	59" 3	1' 10"
			3.000	10' 25"	—
	17	JUVENIL	110	17" 4	16" 6 (100)
			330	48" 4	1' 03"
			2.000	7' 00	—
MARCHA	23	SENIOR	20 km	1 h 44'	60' (10 km)
			50 km	4 h 50'	2 h 20' (20 km)
	18 Y 19	JUNIOR	5 km	28'	30' (5 km)
			10 km	59'	1 h 15' (10 km)
	17	JUVENIL	5 km	27'	32' (3 km)
			10 km	60'	1 h 17' (5 km)

BUEN NIVEL NACIONAL (50° DEL RANKING NACIONAL)

Tabla 2. Marcas de referencia en saltos y lanzamientos en las categorías juvenil, junior y absoluta

	EDAD	CATEGORÍA	PRUEBA	HOMBRES	MUJERES
SALTOS	23	SENIOR	Longitud	7,12	5,55
			Triple	14,22	11,49
			Altura	1,97	1,60
			Pértiga	4,40	3,00
	18 Y 19	JUNIOR	Longitud	6,53	5,27
			Triple	13,25	10,83
			Altura	1,85	1,55
			Pértiga	3,90	2,80
	17	JUVENIL	Longitud	6,35	5,15
			Triple	12,80	10,53
			Altura	1,80	1,55
			Pértiga	3,50	2,45
LANZAMIENTOS	23	SENIOR	Peso	14,26	11,49
			Disco	43,90	35,24
			Jabalina	56,62	36,16
			Martillo	50,46	39,51
	18 Y 19	JUNIOR	Peso	11,70	10,01
			Disco	33,64	30,30
			Jabalina	45,20	30,36
			Martillo	30,06	30,39
	17	JUVENIL	Peso	11,07	8,10
			Disco	30,20	28,55
			Jabalina	37,66	22,64
			Martillo	22,67	20,42

BUEN NIVEL NACIONAL (50° DEL RANKING NACIONAL)

Tabla 3. Marcas de referencia en categorías menores

	EDAD	CATEGORÍA	PRUEBA	HOMBRES	MUJERES
VELOCIDAD	15		100	12" 2	13" 5
	16	CADETE	300	39" 5	45" 5
	13		80	10" 4	11" 0
	14	INFANTIL	150	19" 3	21" 0
	11 y 12	ALEVÍN	60	8" 8	9" 0
MEDIO FONDO Y FONDO	15 Y 16	CADETE	600	1'34"	1' 51"
			1.000	2' 49"	3' 32"
			3.000	10'	12' 53"
	13 Y 14	INFANTIL	500	1' 23	1' 35"
			1.000	3' 05"	3' 30"
			3.000	11' 06"	12' 52"
	11 12	ALEVÍN	600	1' 58	2' 07"
			2.000	7' 31	8' 26"
VALLAS, OBSTÁCULOS Y MARCHA	15 16	CADETE	110 V.	21" 3	18" 0 (100)
			300 V.	47" 4	54" 0
			1.500 O.	5' 18"	
			5 km	40'	25' (3 km)
	13 14	INFANTIL	80 V.	15" 3	14" 7
			200 V.	36" 4	37" 2
			1.000 O.	4' 50"	
			3 km	23'	24' 15"
	11 12	ALEVÍN	60 V.	11" 3	12" 3
			2 km	13' 19"	13' 45"
SALTOS	15 16	CADETE	Longitud	5,57	4,50
			Triple	11,05	9,00
			Altura	1,60	1,35
			Pértiga	2,40	2,00
	13 14	INFANTIL	Longitud	5,10	4,50
			Triple	10,00	–
			Altura	1,52	1,40
			Pértiga	2,00	1,80
	11 12	ALEVÍN	Longitud	4,20	3,80
			Triple	1,32	1,20
LANZAMIENTOS	15 16	CADETE	Peso	10,30	8,90
			Disco	25,90	20,00
			Jabalina	32,40	21,00
			Martillo	20,00	19,00
	13 14	INFANTIL	Peso	10,40	8,50
			Disco	25,00	17,80
			Jabalina	25,00	20,00
			Martillo	20,00	17,0
	11 12	ALEVÍN	Peso	7,50	7,60
			Pelota	32	25,00

BUEN NIVEL AUTONÓMICO (15-20º RANKING AUTONÓMICO)

3. LA INSTALACIÓN

PISTA DE ATLETISMO 400 m (8 calles)

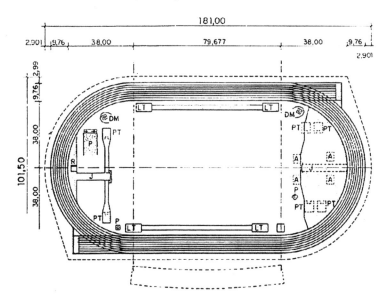

Figura 1. *Detalles de una pista de atletismo de 400 metros.*

II. ASPECTOS GENERALES DEL ENTRENAMIENTO

1. FACTORES CONDICIONANTES

El atletismo, como cualquier otra actividad, ha experimentado cambios a lo largo del tiempo, y si antes se solía decir que el campeón nace y no se hace, hoy en día eso ya no es tan cierto.

Todo el mundo sabe la importancia que tiene el entrenamiento, pero también es absolutamente cierto que en la actividad tan sólo con el trabajo no se puede llevar a cualquier deportista a la elite mundial. En resumidas cuentas, para llegar a ser un número uno hoy en día se necesitan, como dice nuestro refranero, buenos mimbres para tejer un buen cesto (y añadimos: y además saber hacerlo).

Afortunadamente el atletismo que nos ocupa no se plantea aquí a nivel de elite mundial, por lo que afrontaremos el problema de manera diferente. No obstante y para poder tener conciencia de las *posibilidades* de cada atleta, hay una serie de aspectos que tendremos que considerar antes de comenzar a entrenarlo, porque van a configurar el punto de partida o inicio de su preparación. Los principales son: edad, grado de preparación física y características del individuo.

La edad se cita en primer lugar puesto que, como es evidente, no es lo mismo iniciarse a los 14 años que a los 24. En el primer caso tendremos tiempo de desarrollar un acondicionamiento genérico y contaremos con un período de tiempo más largo para alcanzar el máximo rendimiento en la edad adulta. En el caso de que la iniciación tenga lugar a los 24 años, habrá que quemar una serie de etapas puesto que el atleta se encuentra ya en la edad de recoger los frutos (en algunas especialidades de manera inmediata) y en cualquier caso con un período de tiempo sensiblemente menor de lo que es normal.

En segundo lugar hablamos del grado de preparación, puesto que éste nos permitirá comenzar antes el trabajo específico con un atleta que tenga un buen nivel de desarrollo físico que con aquel que no lo posea, aunque ambos tengan la misma edad.

En cuanto a las características y volviendo al símil del cesto, estaríamos hablando de los mimbres que en definitiva tienen tanta importancia como el saber tejerlos. Para obtener los mejores resultados, debemos contar con un buen material humano, con los medios necesarios para poder trabajar debidamente, con el tiempo suficiente para evitar precipitaciones, así como con una dirección preparada y con conocimiento de causa. Sólo en estas condiciones la formación del atleta será ideal.

Otros factores no menos importantes son los que se exponen en la figura 2.

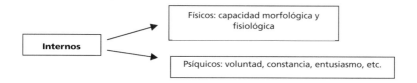

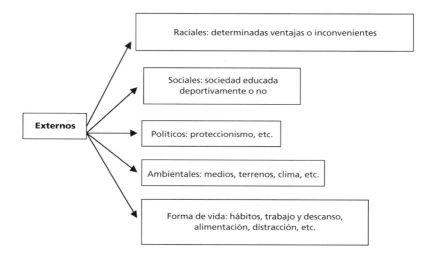

Figura 2. *Factores que condicionan el rendimiento deportivo.*

2. ACONDICIONAMIENTO FÍSICO, PREPARACIÓN GENÉRICA Y PREPARACIÓN ESPECÍFICA

Sin necesidad de argumentar que la preparación atlética puede ser la base de cualquier actividad deportiva posterior, pero sin hacer caso de quienes opinan que no es conveniente realizarlo desde edad temprana, diríamos que el acierto puede estar más en función de cómo se plantee que de cuándo se produzca la iniciación.

A los 12 años el atletismo no se debe plantear de forma específica sino variada tanto en cuanto a la iniciación a las diferentes técnicas como a la competición (no hay razón para que no se hagan en forma de relevos, pruebas combinadas, etc.).

En una primera fase, el trabajo debe orientarse al desarrollo de la resistencia orgánica, lo que le permitirá más adelante realizar todo tipo de esfuerzos merced a su buena formación cardiorrespiratoria, e incluso pensando en la necesidad de incrementar de manera paulatina el número y la duración de los entrenamientos sería necesario dicho planteamiento.

Trabajar otras cualidades relacionadas con otros aspectos biológicos no será tan eficaz en la medida en que el incremento de dichas cualidades esté condicionado por el grado de desarrollo del órgano u aparato del que dependen o del nivel hormonal del individuo. Así, por ejemplo, la musculación no es recomendable trabajarla antes de los 14 años, salvo de forma genérica y como medio de aprendizaje del manejo de las barras. El trabajo de velocidad, por su carácter neuromuscular, es contraproducente si se hace de forma específica, pero es evidente que se pueden trabajar algunos componentes de la velocidad (la técnica, los saltos y en general los estímulos que vayan dando la sensación de contracciones rápidas).

Hasta los 16 años debe prevalecer el trabajo genérico, pero una vez terminado el desarrollo, llega el momento de enfocar la preparación en función de los elementos que necesitará el corredor según su especialidad, predominando ya la velocidad o la resistencia, tanto en su vertiente aeróbica como en la anaeróbica, que no se debe plantear con los atletas muy jóvenes por las adaptaciones que provoca.

Al principio debe ser la cantidad de trabajo lo que constituya la base del entrenamiento y durante los primeros años deberá incrementarse hasta alcanzar un nivel suficiente. En esta primera etapa, la diferencia entre atletas de la misma prueba es mínima, mientras que posteriormente y una vez alcanzada la resistencia necesaria para hacer cualquier tipo de entrenamiento, habrá que incidir, sobre todo, en la calidad del mismo, convirtiendo así la preparación genérica en otra más específica. Es a partir de aquí cuando aparecen las diferencias de preparación para cada atleta.

Es importante no prefijar la prueba de cada atleta, sino dejar que ésta se vaya definiendo a lo largo del período de formación. Con la ayuda de las pruebas podremos establecer de manera objetiva la especialidad óptima del atleta, que naturalmente puede evolucionar (a estas alturas) tanto en un sentido como en otro, es decir, de mayor a menor distancia o a la inversa. Por ello, es necesario no dejar que el organismo se adapte prematuramente a un tipo de esfuerzos que dificulte más tarde el cambio hacia otros más idóneos, por haber permanecido demasiado tiempo en uno de los procesos, habiéndose estabilizado el organismo y la condición muscular.

3. LAS LÍNEAS GENERALES DEL PLAN ANUAL DE ENTRENAMIENTO

A pesar de que ya no hay año en que no tenga lugar uno o varios eventos deportivos de gran envergadura (Juegos Olímpicos, Campeonatos del Mundo, de Europa, nacionales y además en pista cubierta y al aire libre), un programa de entrenamiento nunca debe realizarse en función de una sola temporada y menos en la iniciación, puesto que lo que menos preocupará al entrenador serán los resultados inmediatos. Es preferible tratar de alcanzar en el mejor momento de la vida deportiva de cada sujeto su máximo rendimiento deportivo.

Por ello, el trabajo de iniciación se desarrollará de manera progresiva y aunque las líneas rectoras estarán marcadas desde el principio, se irá evolucionando en función de las circunstancias y de las respuestas adaptativas del individuo.

Dentro de este plan general habrá que contemplar el correspondiente a cada temporada en el que, de acuerdo con las cualidades de cada atleta, se irán fijando los objetivos que se pretende conseguir.

Sin llegar al detalle de los microciclos y sólo como directriz general, la estructura más elemental de lo que se debe considerar en una planificación anual del entrenamiento es la que se representa en la figura 3.

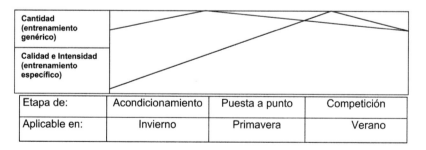

Figura 3. Variación de la intensidad y el volumen de entrenamiento a lo largo de la temporada.

4. PRINCIPIOS BÁSICOS EN LA EDAD ESCOLAR

4.1. EL ENTRENAMIENTO Y LA EDAD

El primer problema que se presenta se centra en los *principios a considerar sobre la iniciación deportiva temprana.*
Ello surge por una búsqueda de talentos deportivos que llevan a una especialización precoz. Esta especialización pretende mejores marcas y resultados a edades tempranas, lo que conlleva diversos problemas.

Problemas en cuanto al desarrollo. Tiene que existir una *proporcionalidad fisiológica* del propio cuerpo, es decir, un crecimiento armónico, e ir adquiriendo paulatinamente el grado de madurez preciso. Por ejemplo, primero crecen las extremidades inferiores y después el tronco, y los órganos funcionalmente van adquiriendo un determinado grado de madurez.
Si en la fase de desarrollo y crecimiento del sujeto utilizamos sistemas de entrenamiento elaborados para el adulto, podemos afectarle negativamente, frenando su crecimiento físico y fisiológico.
Por ello, debemos tener en cuenta varios aspectos biológicos en cuanto al desarrollo.

1) *El esqueleto.* En principio no es una masa ósea compacta y dura, sino muy flexible, por lo que es difícil su rotura. La actividad física excesivamente intensa puede frenar el crecimiento de los cartílagos.
2) *La musculatura.* El problema no se centra en ser o no capaz de un mayor o menor desarrollo muscular, sino en que en estas edades no está formada y podemos provocar una madurez muscular temprana y un gran desarrollo de la masa muscular que puede impedir el crecimiento normal.
Con niños se deben realizar entrenamientos de baja intensidad y mayor duración, e ir poco a poco, así como ir pasando paulatinamente a lo específico de cada actividad deportiva en concreto.
En el niño la musculatura no se encuentra aún formada y el tono muscular no está constituido (se forma progresivamente con el entrenamiento). La musculatura flexora es más potente y resistente que la extensora.
3) *La respiración.* El problema se centra en la capacidad pulmonar, que en el niño es menor, por lo que requiere una mayor frecuencia

respiratoria ante el esfuerzo; por ello se les ve más jadeantes y agotados, aparentemente, que a los adultos.

En la 1ª y 2ª infancia, la respiración es más abdominal por una mayor acción diafragmática. Según va aumentando la edad, la respiración se va volviendo más torácica.

4) *La circulación.* El corazón no sigue el mismo ritmo de crecimiento que el resto del cuerpo. En éste, el ritmo es más lento. A la hora de hacer un esfuerzo intenso, el niño necesita mayor frecuencia cardíaca que el adulto, puesto que el *volumen sistólico* es menor (incluso en niños entrenados, su frecuencia cardíaca es mayor que en adultos desentrenados). También es menor su capacidad de transporte de oxígeno al ser menor su gasto cardíaco.

5) *El aparato neuromuscular.* La capacidad de reacción ante diferentes estímulos es más lenta, debido a una inacabada madurez del sistema nervioso, el cual se encuentra totalmente desarrollado sólo en el adulto.

El entrenador debe tener en cuenta que hay que rechazar la búsqueda de máximos rendimientos en edades tempranas; este máximo rendimiento debe depender del grado de desarrollo del individuo (edad biológica) más que de su edad cronológica. Podemos acortar la vida deportiva de un niño por un rendimiento máximo precoz, que incluso puede ir acompañado de niveles de rendimiento más bajos.

RENDIMIENTO

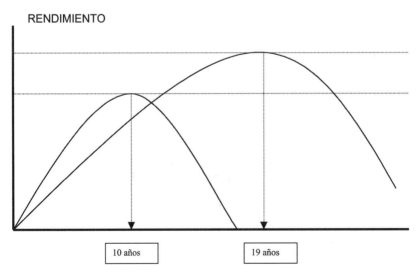

10 años   19 años

Figura 4. Modelos de la curva de rendimiento en función de la edad.

Un niño de 15 años, por muy desarrollado que esté, tendrá un sistema cardiorrespiratorio menos desarrollado que un adulto. Si la subida hasta obtener los máximos resultados es más lenta, tendrá una base más amplia y conseguirá mejores resultados con la edad y una vida deportiva más larga.

5. FORMAS Y SISTEMAS BÁSICOS DE ENTRENAMIENTO EN CARRERAS

La forma más sencilla de clasificar los sistemas de entrenamiento de carrera es aquella que los divide en dos grandes grupos que denominamos respectivamente:

A) NATURALES
B) FRACCIONADOS

El concepto diferenciador no es unánime y mientras unos autores denominan naturales a aquellos sistemas que se desarrollan preferentemente en la naturaleza, otros añaden que son naturales los que se realizan de una manera no artificiosa (sujetos al cronómetro, etc.), es decir, de forma espontánea o natural. En cualquier caso, todos los autores coinciden en integrar en el segundo grupo a todos aquellos que están constituidos por fracciones de una distancia total, separados entre sí por pausas o intervalos de recuperación (descansos) mayores o menores.

Al final y por exclusión, la clasificación de unos y otros prácticamente coincide y sin ánimo de ser exhaustivos, pasamos a enumerar y explicar los más corrientemente utilizados.

Sistemas naturales:
1) Carrera continua.
2) Fartleck.
3) Juegos polacos de carrera.
4) Entrenamiento total.
5) Carrera en la arena (dunas) o en el agua.

Sistemas fraccionados:
1) *Interval-training*.
2) Velocidad-resistencia.
3) Estímulos máximos.

4) Ritmo competición.
5) Ritmo resistencia.
6) Series en V.

Sistemas mixtos

Se encuentran a caballo entre los dos grupos anteriores ya que presentan características de los sistemas naturales y de los fraccionados; se realizan en la naturaleza pero no son continuos y, sobre todo, el segundo está sujeto al crono, tanto para controlar el tiempo de realización como el de recuperación.

1) Sistema de resistencia de Waldniel.
2) Cuestas.

6. DESCRIPCIÓN DE CADA UNO DE ELLOS

6.1. SISTEMAS NATURALES DE ENTRENAMIENTO

La carrera continua. Origen, finalidad y características

Podríamos incluirla también en lo que algunos especialistas en preparación, como Ulatowski, consideran el método continuo, que se caracteriza principalmente por los siguientes factores:

• Intensidad constante y moderada de trabajo.
• Tiempo de permanencia en acción relativamente largo.
• Trabajar de la forma más económica, que proporciona el aprovechamiento máximo de las reservas de 0_2.
• Tiende a mejorar las posibilidades funcionales del organismo.

Desde el punto de vista de su realización práctica podríamos considerar los siguientes principios a tener en cuenta:

• El pulso se mantendrá en 140-160 pulsaciones por minuto.
• La frecuencia de paso suele ser de 120-140 pasos / minuto.
• El tiempo utilizado para correr 1.000 metros suele oscilar entre 5 y 6 minutos.

Evidentemente, las consideraciones señaladas tienen un mero carácter orientativo, ya que tanto los ritmos como la frecuencia del pulso y la zancada vienen realmente determinados por el grado de entrenamiento del sujeto.

La carrera continua libre es aquella en la que únicamente se establece el tiempo de carrera, eligiendo el individuo el lugar y demás parámetros. También existe una carrera continua controlada (menos natural) en la que se determina el tiempo, la intensidad de la misma y el lugar (llano o con variaciones del terreno, etc.).

Supondrá entre un 60% y un 70% de las posibilidades de trabajo máximo de un sujeto y se tendrá que ir adaptando de forma progresiva a la mejora. Primero aumentaremos la duración y posteriormente la intensidad, para finalizar combinando ambos factores.

Se debe plantear sobre todo en la etapa inicial del entrenamiento, ya que mejora la resistencia aeróbica (sistema cardiorrespiratorio).

El proceso energético es aeróbico.

El fartlek

Es un término que se traduce literalmente por «jugar la zancada» y se debe a Holmer y Olander.

Consiste en realizar una carrera continua, alternando la intensidad de los impulsos (frecuencia y amplitud de zancada) con el fin de estar constantemente variando los ritmos de esfuerzo.

Para ello se aprovechan también las características orográficas, pues es deseable que no se realice este tipo de entrenamiento en terreno llano, sino allí donde existan variaciones del mismo. Podemos, al igual que en la carrera continua, establecer las formas de libre y controlado.

Es un entrenamiento mucho más cualitativo que la carrera continua y desarrolla fundamentalmente la resistencia aeróbica, pero también la anaeróbica (en los trayectos cortos y rápidos, así como en las cuestas).

El proceso energético es aeróbico y también anaeróbico.

Juegos polacos de carrera

También denominados «la carrera alegre de los polacos» o *fartlek* polaco.

Se caracteriza por:

• Trabajo largo a ritmo variable.

- Intensidad dosificada para cada sujeto (principio de la individualización).

Determinación de:

- Tiempo de ejercicios.
- Tipo de ejercicios.
- Distancia a recorrer.
- Lugar de realización.
- Período de recuperación.

La intensidad se controla por medio de la respiración.

Posee un alto grado de motivación, lo que proporciona la asimilación de mayor esfuerzo y mayor volumen de trabajo. Dicho volumen de trabajo debe ser regulado, de forma que al terminar el entrenamiento el deportista conserve aún ganas de correr.

Contenido. Según Mulak, su autor y entrenador nacional polaco, consta de cuatro partes:

1ª parte o fase inicial de calentamiento, en la que se introducen una serie de ejercicios relacionados con los grupos musculares más importantes y, sobre todo, dirigidos a la mejora del equilibrio, la coordinación, la elasticidad y movilidad articular, alternando con la carrera. Esta fase dura de 10 a 15 minutos.

2ª parte, dedicada a la velocidad, en la que se introducen una serie de carreras cortas, si bien no se realiza todavía un trabajo de máxima intensidad.

Se realizan trotes de 400-500 metros y, a continuación, aceleraciones de 150-200 metros a ritmo vivo, repitiéndose las series 4-6 veces y cubriendo un recorrido de 2 a 3 km. Se aconseja que, tan pronto la respiración se vea dificultada, se disminuya el ritmo de trabajo. Dura de 15 a 25 minutos. Terminada esta fase se realizan ejercicios de elasticidad durante 10 minutos

3ª parte, trabajo sobre ritmo. Se recorren distancias de 300 a 800 metros a ritmo vivo. A cada tramo rápido le sigue uno de 500 metros a ritmo suave. Se repite este tipo de trabajo de 5 a 10 veces. Esta parte viene a durar 15-25 minutos.

4ª parte o etapa de normalización, en la cual se realizan ejercicios de soltura, ligeros trotes y andar hasta la completa recuperación del ritmo respiratorio.

La intensidad del juego de carreras depende de la duración, de los kilómetros recorridos y del número de estímulos diferentes provocados por los cambios de ritmo y de actividad.

La duración total prevista, que suele ser de 75 minutos, exige que durante este tiempo se cubran de 3 a 6 km.

Existe una forma corta de realizar este tipo de entrenamiento, que es prescindiendo de la tercera parte, considerada la más fuerte. En este caso, a este sistema se le denomina «pequeño juego de carrera».

Se diferencian del *fartlek* por introducir la realización de ejercicios.

Al igual que aquél y por las mismas razones, mejora la resistencia general aeróbica y la anaeróbica.

El proceso metabólico es, por lo tanto, tanto aeróbico como anaeróbico.

El entrenamiento total

El entrenamiento total, cuyo promotor principal fue Raul Mollet (coronel del ejercito belga), tiene sus raíces en el entrenamiento natural de Herbert, a principios del siglo XX.

Consiste en una forma concreta de trabajar en plena naturaleza, utilizando elementos del terreno con el fin de conseguir una preparación general. Incluirá, además de carrera, ejercicios de fuerza, flexibilidad, velocidad y resistencia muscular utilizando troncos, piedras, arboles, etc., como elementos auxiliares.

Este tipo de entrenamiento es propio de la pretemporada como medio de conseguir un acondicionamiento general de base, y en temporada como medio de mantener la condición.

Se diferencia del sistema polaco en que se utilizan ejercicios más intensos. Por esa misma razón, la proporción de trabajo aeróbico-anaeróbico se incrementa en favor de este último y, consecuentemente, el proceso energético será, así mismo, aeróbico y anaeróbico.

6.2. SISTEMAS FRACCIONADOS DE ENTRENAMIENTO

El precedente natural del sistema de entrenamiento fraccionado lo encontramos en las aves migratorias, que preparan sus grandes vuelos por medio de cortos desplazamientos repetidos una y otra vez, con pausas intermedias. Teóricamente se trata de la división en fracciones de una distancia global con los correspondientes tiempos de intervalos intermedios.

Esto, lógicamente, permite hacer cada distancia parcial o *fracción* a una velocidad más elevada que si se corriese la distancia total de forma continuada.

Interval-training

La acepción más rigurosa del término corresponde a la desarrollada por W. Gerschler y H. Reindell en Friburgo (RFA), que no hay que confundir con el resto de los entrenamiento fraccionados o con intervalos.

El *interval* es un fraccionado, pero no todos los fraccionados son *interval*. La diferencia fundamental es el fin, que en el caso que nos ocupa es la adaptación cardíaca (aumento de la capacidad e hipertrofia del miocardio), mientras que en otros casos buscaremos la adaptación a un ritmo, un determinado nivel de lactacidemia en la sangre o adaptaciones de tipo metabólico, etc.

El *interval* es el más importante de los sistemas de entrenamiento de tipo fraccionado y consiste en repetir una distancia, generalmente la misma (al menos en la fórmula simple) que oscila entre 100 y 400 metros de 10 a 30 veces al 80% de la intensidad, con una recuperación que suele ser la misma distancia trotando o andando y una duración en torno a 1 minuto según los metros recorridos y la capacidad de recuperación.

Este aspecto es el fundamental puesto que para que un fraccionado sea *interval* se tiene que cumplir que el sujeto no sobrepase las 190 pulsaciones apenas terminado el esfuerzo, y no comenzar una nueva carrera hasta que el individuo se encuentre entre 120-130 pulsaciones (nunca por debajo).

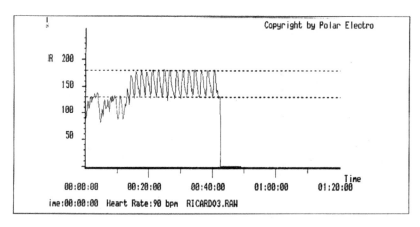

Figura 5. *Representación de la variación de la FC en un* interval-training.

Se trabaja así la resistencia aeróbica y la anaeróbica puesto que entre los valores de 120 y de 180/190 pulsaciones por minuto se encontrará necesariamente el umbral aeróbico-anaeróbico, y el trabajo realizado por debajo de este valor sería aeróbico, siendo el resto anaeróbico.

El proceso energético será aeróbico al inicio de cada repetición, con un porcentaje anaeróbico por ser la recuperación incompleta y también cuando aumentemos la velocidad de carrera.

Velocidad-resistencia

En un juego fácil de palabras, englobaremos aquí los sistemas de entrenamiento que mejoren la resistencia a la velocidad o, dicho de otro modo, la capacidad de mantener la máxima velocidad de cada sujeto durante el mayor tiempo posible.

Al ser éste un factor fundamentalmente metabólico, pues depende de la capacidad de reponer el ATP (adenosintrifosfato) y el CP (creatinfosfata), ésta será la línea de trabajo.

Ello exige, de una parte, las grandes intensidades de esfuerzo (para el vaciado de los depósitos) que deben rondar el 90-95%, y de otra, las grandes recuperaciones para lograr la ya citada reposición (no interesa la recuperación exclusivamente funcional, es decir, respiratoria y cardíaca).

En términos concretos, las distancias deberán superar los 60-80 metros o los 10 segundos de trabajo (máximo tiempo que se puede actuar por esta vía metabólica), estando condicionado por el nivel del deportista.

Las recuperaciones oscilarán en función de la distancia y de la capacidad del sujeto entre 5 y 10 minutos; siendo, en todo caso, incompletas.

El proceso energético será anaeróbico-láctico.

Estímulos máximos

Como su nombre indica consiste en realizar esfuerzos al 98% ó 100% de intensidad.

La vía metabólica de nuevo será el ATP o el CP, pero en este caso no se debe llegar a agotar, pues, cuando esto sucede, la velocidad automáticamente no es máxima (pinchazo) y a partir de ahí entraríamos en el sistema anterior.

Así, las distancias oscilarán entre 20 y 60 metros; el total de metros a recorrer no debe sobrepasar los 400 (12 x 30 ó 6 x 60) y la recuperación será mayor que en la velocidad-resistencia (de 3 a 6 minutos, en función de la distancia) para atender el componente nervioso que aquí es altísimo. Por ello, aquí si es necesaria una recuperación completa.

Se suelen utilizar para este tipo de entrenamientos algunos recursos, como por ejemplo la carrera cuesta abajo, arrastrado, suspendido o con viento a favor.

El proceso energético es anaeróbico-aláctico.

Series en V

Se denomina así a un tipo de repeticiones en las que la distancia no es constante, sino que por el contrario crecen y decrecen a lo largo de la sesión de entrenamiento.

Se suele buscar con ello acumular suficiente volumen de entrenamiento (en la primera parte de la sesión) y además que la intensidad no disminuya.

Es obvio que el hecho de mantener la intensidad elevada lo que pretende es lograr un componente anaeróbico, que puede ser láctico o aláctico en función de las distancias y de las recuperaciones fundamentalmente.

Ritmo competición

Como su nombre nos sugiere, se trata de adquirir una noción del ritmo al que hay que competir. Esto se logra repitiendo entre 3 y 5 veces una distancia que ronda la mitad de la de competición.

Que ésta sea más o menos corta dependerá de la conciencia del ritmo que tenga el entrenado, o del deseo de que la lactacidemia acumulada sea mayor. En este sistema debe supeditarse y coordinarse todo (distancia y recuperación) al logro del ritmo deseado para la competición; para ello los descansos deberán ser amplios (de 8 a 12 minutos).

Ritmo resistencia

Este sistema pretende lograr una resistencia a los ritmos altos de trabajo, lo que se puede conseguir por ser un fraccionado, y por tanto las distancias parciales a recorrer serán menores que la total y con descansos intermedios. Los corredores de medias y largas distancias consiguen así mantener la resistencia y correr a intensidades sólo ligeramente inferiores a la de la prueba. En época invernal y con las debidas adaptaciones, todos los corredores suelen usarlos para entrenar a ritmos más intensos que los sistemas naturales y también sobre distancias mayores que las del *interval-training*. Por ello precisamente las pausas son mayores, y el número de repeticiones, menor.

Aquí el control cardíaco no es importante y se supedita al ritmo del trabajo, en función del cual se habla de series cortas (hasta 400 metros) o series largas (hasta 2.000 metros).

6.3. SISTEMAS MIXTOS

El sistema de resistencia de Waldniel

Un sistema de entrenamiento de la resistencia aeróbica, centrado en aumentar la capacidad de absorción del O_2, es aquel en el que se corren distancias más o menos largas en terrenos no accidentados; es decir, llanos, sin subidas. Cada individuo adapta el ritmo de carrera a sus posibilidades y a la distancia que recorre, recorriendo siempre las distancias, cualquiera que sea su longitud, a un ritmo bastante inferior al que correría si realizara un solo tramo.

Las pausas entre recorrido y recorrido, así como las repeticiones, están condicionadas a la capacidad de recuperación del sujeto. La respiración es importante a la hora de controlar el esfuerzo, al igual que las pulsaciones, que no deben sobrepasar las 130 por minuto.

El proceso energético es aeróbico.

Las cuestas

El entrenamiento en cuestas puede hacerse con fines de mejorar la resistencia o la impulsión. También correr cuesta abajo en cuestas poco pronunciadas puede utilizarse como medio de hacerlo relajado *dejándose caer* o como forma de mejorar la velocidad (frecuencia).

El entrenamiento en cuestas con vistas a la mejora de la resistencia suele hacerse en terreno con poco desnivel, pero con distancias largas (de 100 a 200 metros aproximadamente). En cuanto a la mejora de la impulsión, se utilizan cuestas más cortas y más pronunciadas de desniveles por encima del 10% y distancias no superiores a los 60 metros. La recuperación en el primer caso (resistencia) debe ser más corta, y la intensidad a la que se realizan, menor. En el segundo, la intensidad es submáxima y la recuperación grande.

Por último, en el primer caso la vía energética será aeróbica y en el segundo anaeróbica-aláctica.

7. OTRAS CLASIFICACIONES

Otros autores como Ulatowsqui señalan cinco métodos principales de entrenamiento:

1) Método continuo.
2) Método de repeticiones.
3) Método variable.
4) Método interválico.
5) Método de competiciones.

Otros autores añaden: método de juegos (pachangas, ronditos, etc.).

Al final, todas ellas, e independientemente de cómo las determinemos, se reducen a tres tipos de esfuerzos: anaeróbico-alácticos, anaeróbico-lácticos o aeróbicos.

8. CARACTERÍSTICAS GENERALES DE LOS ESFUERZOS

Independientemente de cómo denominemos la forma de trabajo, las posibilidades son las que se exponen a continuación.

8.1. ESFUERZO ANAERÓBICO-ALÁCTICO

- Esfuerzo muy intenso y breve: 1 a 20 segundos.
- El músculo tiene reservas suficientes de ATP y CP para asegurar su propia energía.
- No hay deuda de oxígeno máxima (no da tiempo).
- No hay formación de ácido láctico (para algunos autores sí, a partir aproximadamente de los 4 segundos, pero en cantidades muy pequeñas).

- Trabajo dominante: neuromuscular.
- Es el que se corresponde con el entrenamiento de la velocidad.

8.2. ESFUERZO ANAERÓBICO-LÁCTICO

- Esfuerzo intenso y relativamente duradero: de 20 a 60 segundos.
- Las necesidades de la célula muscular son considerables. Las reservas de ATP y CP se agotan y hay necesidad de recurrir al glucógeno muscular.
- La aportación momentánea de oxígeno es insuficiente para oxidar todo el ácido pirúbico, por lo que una parte de éste se transforma en ácido láctico.
- La acumulación de ácido láctico ocasiona de forma progresiva una disminución de la capacidad funcional (fatiga muscular), que, de persistir, puede conducir a la pérdida total de la capacidad de contracción.
- Se produce deuda de oxígeno (= desequilibrio respiratorio).
- Trabajo cardíaco muy intenso: 180 latidos/minuto o más.
- Pero, sobre todo, trabajo muscular muy intenso y sostenido.
- Es el que se corresponde con el entrenamiento de la resistencia local, muscular o específica.

8.3. ESFUERZO AERÓBICO

- Poco intenso, tendiendo a la máxima duración: por encima de los 3 minutos.
- Las necesidades de la célula muscular son moderadas.
- Equilibrio respiratorio *(steady-state)*: el aporte de oxígeno por la respiración cubre todas las necesidades. No hay deuda de oxígeno.
- La aportación de O_2 es suficiente para oxidar todo el ácido pirúbico, por lo que no se produce ácido láctico.
- Rendimiento cardíaco (frecuencia x volumen de sangre por latido) óptimo: mejor suministro posible de O_2 a la célula.
- Régimen cardíaco cómodo: en torno a las 140-150 pulsaciones/minuto.
- Esfuerzo muscular también relativamente cómodo.
- Es el que corresponde con el entrenamiento de la resistencia general, orgánica o cardiorrespiratoria.

Tabla 4. Cuadro resumen

PROCESO	FUENTE DE ENERGÍA	OXÍGENO	DURACIÓN
ANAERÓBICO ALÁCTICO	1° ATP 2° CP	NO	1 a 6 s
ANAERÓBICO LÁCTICO	GLUCÓGENO	NO	20 a 60 s
AERÓBICO	GLUCÓGENO MUSCULAR Y HEPÁTICO ÁCIDOS GRASOS	SÍ	3' EN ADELANTE

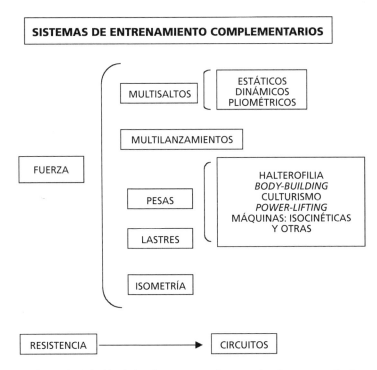

SISTEMAS DE ENTRENAMIENTO COMPLEMENTARIOS

Figura 6. Relación de los sistemas complementarios de entrenamiento.

9. SISTEMAS COMPLEMENTARIOS

9.1. DE LA FUERZA-POTENCIA

Los multisaltos

Como se desprende del análisis etimológico de la palabra, esta forma de trabajo consiste en realizar muchos saltos. Éstos pueden ser de distintos tipos: estáticos, que son los que se realizan sin desplazarse en el espacio, o dinámicos, que son aquellos en los que el individuo se desplaza de un lado a otro.

Lo normal es combinar ambos en una misma sesión, incluyendo a veces hasta algunos de tipo pliométrico, combinando la proporción de cada uno de ellos o incluso la forma de agruparlos (series y repeticiones), así como el número total de ellos, en función de las necesidades y/o capacidades del sujeto.

Aunque en todos ellos existe una fase de amortiguamiento y otra de impulsión, no sólo por eso merecen la consideración de pliométricos, quedando este concepto exclusivamente reservado para aquellos en los que el tiempo de contacto con el suelo es mínimo.

Al haber una continuidad en los ejercicios dinámicos, la fase de amortiguación es muy importante y por tanto el esfuerzo es mayor que en los estáticos.

El único problema que se puede presentar al utilizar esta forma de trabajo es que, en sujetos jóvenes y en edad de crecimiento, se puede producir alguna lesión en los cartílagos de crecimiento por microtraumatismos.

Existe la posibilidad de establecer una progresión a través de los ejercicios por parejas (contra resistencia), saltos estáticos, saltos dinámicos y pliométricos.

Los multilanzamientos

Igual que en los ejercicios anteriormente citados, en este caso es fácil intuir de qué trabajo se trata. El individuo realiza lanzamientos de distintos tipos de móviles en distintas formas (con una mano, con otra, con ambas a la vez, de abajo arriba, al frente, atrás, etc.).

Para que el trabajo sea de potencia es necesario que la carga se maneje con velocidad y por tanto el peso de los artefactos estará en función de la capacidad del sujeto, mientras que el número de repeticiones y la forma de agruparlas estará mediatizado no sólo por el nivel del individuo, sino también por la finalidad perseguida (potencia, fuerza-resistencia, etc.).

Variando la posición de partida (en pie, de rodillas, sentado, etc.) se conseguirá una mayor o menor implicación de brazos, tronco e incluso piernas.

La isometría

Es una forma de trabajo que, como su nombre indica, exige que el músculo no sufra variación en su longitud (iso-metria = misma medida). Para ello es suficiente y necesario que el esfuerzo realizado no venza la resistencia o la oposición a la que se enfrenta (por ejemplo, empujar contra una pared o separar los quicios de una puerta), produce un gran aumento de la fuerza máxima, pero exige que se consideren una serie de factores como:

A) El tiempo que dure cada acción no debe superar más de 4 ó 6 segundos.
B) El ejercicio elegido se debe realizar en 3 angulaciones distintas:
   • En una flexión casi completa.
   • En una extensión casi completa.
   • En la mitad de la amplitud del recorrido.
C) La tensión intramuscular es tan elevada que se dificulta el riego sanguíneo, por lo que no nos dará la máxima hipertrofia y no es un método recomendable para su utilización con niños.
D) La recuperación entre contracciones debe ser de 60 segundos. Evidentemente, con una correcta selección de los ejercicios se puede trabajar cualquier grupo muscular.

La pliometría

Se conoce también como *entrenamiento reactivo* o *método de choque*.

En esta forma de trabajo se produce un ensamblaje entre el trabajo excéntrico y el concéntrico. Consiste en la amortiguación de una carga y su posterior impulsión En un salto desde un escalón al suelo, se producirá en el momento de la toma de contacto con el suelo una acción de frenado (para evitar llegar a caerse sentado) en la que los músculos que luego deben ayudarnos a impulsar se habrán extendido, creando así una descarga de impulsos nerviosos que a su vez activan mayor número de fibras musculares que de otro modo no habrían sido estimuladas. Como consecuencia se produce una fuerza y una velocidad mayores.

Los elementos elásticos y contráctiles actúan como acumuladores de energía cinética que se sumará a la contracción concéntrica posterior.

En este método es muy importante la correcta proporción entre el trabajo de frenado y el de propulsión. Para lograrlo, la altura óptima de caída en el salto debe ser equivalente a la altura máxima que se pueda alcanzar en el salto posterior.

El trabajo pliométrico se debe utilizar en una fase avanzada del entrenamiento, puesto que se exige haber desarrollado suficientemente y con anticipación tanto las capacidades de trabajo concéntrico como excéntrico.

9.2. LOS CIRCUITOS

Es un método de trabajo discontinuo que se puede realizar en cualquier lugar (abierto o cerrado). Fue creado en 1952 por Morgan y Adamson en Inglaterra. Es más saludable su realización al aire libre (el problema puede estar en la necesidad y disponibilidad del material). Consta de un número variable de estaciones o postas (ejercicios) que no ha de ser muy elevado (de 6 a 12). Para trabajar una u otra condición, se jugaba con los tiempos de acción y recuperación, las cargas, etc.

Los ejercicios deben englobar o implicar la mayor parte de regiones corporales posibles.

Los problemas que suelen plantear son:

A) Establecer un sistema de trabajo que englobe la totalidad de las partes.
B) Seleccionar ejercicios de fácil ejecución y control (en los que se pueda ayudar al ejecutante a superarse continuamente).

En general hay dos tipos de circuitos:

• Por tiempo.
• Por repeticiones.

En el primer caso, normalmente los períodos de trabajo oscilan entre 30 s y 1 min 30 s, ya que si estos períodos fueran muy largos se disiparía la atención del ejecutante y del controlador.

En cuanto a la intensidad, con un adulto es factible dosificar a un 60, 70 ó 90%. En el ámbito escolar lo más práctico es indicar «a tope» pues ellos consciente o inconscientemente se autorregulan.

Por lo que respecta a la recuperación, una buena medida es que sea idéntica al tiempo de trabajo (30 s de trabajo y 30 s de recuperación). En 45 s al 100% hay una gran producción de lactato y se necesitaría una recuperación de más de 15 min. Pero como «a tope» se convierte inconscientemente en mucho menos (80%) pueden realizarse tranquilamente 30-40 s con 15-30 s de recuperación.

En la segunda de las opciones, lo que se determina es el número de repeticiones que el atleta debe realizar en cada posta, pasando de un ejercicio al siguiente sin descanso alguno.

Según la forma de ejecución, desarrollamos un tipo u otro de resistencia. Sus creadores en principio lo diseñaron para el desarrollo de la resistencia aeróbica.

Por supuesto que en todo caso habrá que tener en cuenta las siguientes recomendaciones:

- El profesor indica el comienzo y término del trabajo en cada estación. Igualmente corrige deficiencias técnicas y exige el ritmo de trabajo más conveniente.
- Un circuito puede estar integrado por ejercicios de gimnasia, deportivos exclusivamente, o por ambos.
- Se realizan dos o tres pases por los ejercicios del circuito con un descanso prudente (3 a 7 minutos entre cada pase).
- Un buen calentamiento debe preceder al primer pase.

El desarrollo de este método implica siempre las siguientes fases:

1) Un planteamiento previo de lo que se va a realizar.
2) La explicación o demostración (o ambas cosas) por el profesor y un ensayo por parte de los alumnos cuando se emplean los ejercicios por primera vez.
3) La repetición del trabajo para alcanzar el perfeccionamiento deseado.

Sus principales ventajas son:

- Ofrece a los alumnos independencia de trabajo.
- Los estimula.

- El alumno busca su propia concepción del ejercicio de acuerdo con lo sugerido por el profesor.
- Se puede realizar incluso sin material auxiliar.
- Es posible realizarlos en espacios muy reducidos.
- Con posibilidad de intervención de gran número de grupos musculares.
- Permite trabajos de todo tipo (aeróbicos, anaeróbicos...).
- Es muy fácil de controlar.

Sus desventajas son:

- Poca espontaneidad y creatividad.
- Deterioro de la técnica en la realización de los ejercicios (si se descuida).

CAPÍTULO II

CARRERAS Y MARCHA

I. LAS CARRERAS

1. REGLAMENTACIÓN BÁSICA

Del reglamento de la IAAF extraemos, como más importantes, los siguientes artículos:

ARTÍCULO 160
Cronometraje

1. Se reconocerán como oficiales dos métodos de cronometraje: manual y eléctrico totalmente automático.
2. Los tiempos manuales se tomarán por cronometradores de acuerdo con el Artículo 120.
3. En todas las carreras en pista, cronometradas manualmente, los tiempos deben leerse en décimas de segundo. Los tiempos de carreras desarrolladas parcial o totalmente fuera del estadio deben convertirse al próximo segundo entero mayor. Por ejemplo: 2 h 09.44.3 en Maratón se convertirán en 2 h 09.45.

Si la aguja del reloj se para entre dos líneas indicadoras de tiempo, se considerará tiempo oficial el inmediato superior. Si se utiliza un cronómetro de centésimas de segundo, o uno electrónico operado manualmente, con lectura digital, todos los tiempos que no terminen en cero en el segundo decimal se convertirán a la próxima décima de segundo mayor. Por ejemplo: 10.11 se convertirá en 10.2.

4. El tiempo se medirá desde el fogonazo/humo de la pistola o aparato aprobado hasta el momento en que cualquier parte del cuerpo del competidor (es decir, el tronco, excluyendo la cabeza, el cuello, brazos, piernas, manos o pies) alcance el plano perpendicular del borde más próximo de la línea de llegada.

5. En el caso de que dos de los tres cronómetros oficiales marquen el mismo tiempo y el tercero difiera, el tiempo registrado por aquellos dos será el oficial. Si los tres están en desacuerdo, el tiempo intermedio será el oficial. Si sólo se dispusiera de dos tiempos y ambos fueran distintos, el oficial será el peor de los dos (el mayor).

ARTÍCULO 161
Pista y calles o pasillos

1. El perímetro de la pista de carreras no deberá ser menor de 400 metros. La anchura de la pista no será menor de 7,32 metros y su lin-

de interior irá provista, si es posible, de un bordillo sobresaliente de hormigón u otro material apropiado, de aproximadamente 50 mm de altura y un mínimo de 50 mm de anchura.

NOTA. El bordillo puede estar alzado (separado de la superficie de la pista) para permitir la salida del agua superficial, en cuyo caso la altura máxima no podrá exceder de 65 mm.

Donde el borde interior de la pista no pueda ser provisto de un bordillo que sobresalga, dicho borde interior irá señalado por medio de líneas de 50 mm de anchura. En las pistas de hierba se pondrán, además, banderines, a intervalos de 5 metros.

2. La medida del contorno de la pista se tomará a 30 cm del exterior del bordillo interno de la misma, o donde no haya bordillo a 20 cm de la línea marcada en el interior de la pista.

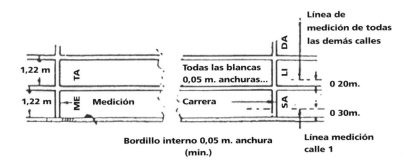

Figura 7. *Detalles de las calles de la pista.*

3. En todas las carreras hasta 400 metros, inclusive, cada participante tendrá un pasillo o calle por separado de una anchura mínima de 1,22 metros y máxima de 1,25 metros, señalado por líneas de 50 mm de anchura.

4. La carrera se efectuará teniendo el bordillo interior de la pista a la izquierda («cuerda» a la izquierda). Las calles estarán numeradas, siendo el número 1 la que tiene el bordillo interior a la izquierda.

5. En las reuniones internacionales, la pista deberá permitir seis calles, por lo menos, y, donde sea posible, ocho, particularmente en competiciones internacionales importantes.

Carrera de 800 metros

7. En las competiciones a que se refiere el Artículo 12.1 (a), (b) y (c), la prueba de 800 metros se correrá por calles hasta el final de la primera curva, utilizando el mayor número de calles de que se disponga.

Las salidas se escalonarán de modo que la distancia desde ellas hasta la meta sea la misma para todos los participantes.

NOTA. En encuentros internacionales, los países pueden acordar la no utilización de calles.

Toda vez que se permite a los corredores salir de sus respectivas calles al entrar en la recta opuesta a la de meta, para las salidas de esta carrera hay que tener en cuenta dos factores: primero, el decalaje normal que sería aplicable a la carrera de 200 metros si la salida de ésta fuera desde el mismo lugar de la pista, y, segundo, el ajuste necesario en los lugares de salida en cada calle para compensar la mayor distancia que recorrerán los competidores de la segunda calle y siguientes, respecto al de la «cuerda» o calle uno, una vez que dejen sus respectivas calles para alcanzar, en «pista libre», por dicha recta opuesta a la de la meta, el interior o tangente de la curva siguiente.

ARTÍCULO 141
La competición. Carreras y pruebas de marcha

Obstrucción en la pista

1. Cualquier participante que empuje a otro a empellones o codazos, se cruce, en carrera o marcha, delante de él u obstruya su paso impidiéndole avanzar puede ser descalificado de esa prueba. Si en cualquier carrera se descalifica a un competidor por alguna de estas razones, el juez-árbitro tendrá poder para disponer que se efectúe de nuevo, con excepción del participante descalificado, o, en caso de una eliminatoria, podrá permitir a los participantes afectados por la acción que provocó la descalificación (con la excepción del corredor descalificado) competir en una fase siguiente de la carrera.

Carreras por pasillos o calles

2. En todas las carreras por calles o pasillos, los corredores deben mantenerse desde la salida hasta la meta en la calle que les fue asig-

nada. Esto se aplicará también a cualquier parte de una carrera que se realice por calles. Por ejemplo, la salida de 800 metros.

3. Si un competidor es empujado o forzado por otra persona a correr fuera de su calle y no obtiene ninguna ventaja material, no deberá ser descalificado.

Si un atleta:

(a) Corre fuera de su calle en la recta, o
(b) Corre fuera de la línea externa de su calle en la curva, sin haber obtenido con ello ventaja material y no ha sido obstruido otro corredor, tampoco deberá ser descalificado.

Salvo en los casos de las tres excepciones anteriores, si el juez-árbitro se muestra conforme con el parte de un juez, auxiliar u otro de que un participante ha corrido fuera de su calle, éste deberá ser descalificado.

Ausencia durante la competición

4. Excepto para lo indicado a continuación, si un participante abandona voluntariamente la pista o itinerario no se le permitirá continuar en la prueba.

En competiciones en carretera, y en pruebas de marcha en pista de 20 km o más, un competidor puede salir de la carretera o pista con el permiso y bajo el control de un juez, siempre que por su salida de la ruta no se reduzca la distancia a recorrer.

Marcas o señalización en la pista

5. Excepto en el caso de pruebas de relevos corridas por calles, los participantes no pueden hacer marcas o colocar objetos en la pista o a sus costados para que les sirvan de referencia.

Eliminatorias (series)

6. Se efectuarán eliminatorias previas en las pruebas de pista en las que el número de competidores sea demasiado elevado para permitir que la competición se verifique satisfactoriamente en una final

directa. Cuando se celebren eliminatorias previas, todos los competidores deberán participar en éstas, a fin de obtener su calificación para las eliminatorias siguientes.

2. FUNDAMENTOS MECÁNICOS

Correr y andar puede que sean las acciones deportivas aparentemente más sencillas, incluso se puede pensar que son acciones absolutamente naturales, pero cuando se trata de la carrera de velocidad, su complejidad desde el punto de vista mecánico se complica, como lo demuestra el hecho de que sean necesarios varios años de entrenamiento para obtener resultados en esta especialidad en la que no hace mucho tiempo se solía oír que el velocista nace y el fondista se hace.

Los movimientos del velocista en general y sus apoyos en particular tienen poco de natural cuando de realizar marcas se trata.

Para abordar el tema de la mecánica de la carrera, lo primero que hay que establecer es la diferencia entre la marcha (andar) y la modalidad atlética que nos ocupa.

Entendemos por andar una sucesión de apoyos en la que hay un contacto permanente con el suelo, mientras que la carrera se caracteriza por existir entre cada dos apoyos una fase de suspensión o de vuelo, que la podríamos considerar como una sucesión de saltos.

Para proyectar el cuerpo del atleta en el aire, es necesario generar unas fuerzas que superen las de la gravedad, y el rozamiento (suelo, viento, etc.) entre otras, de ahí la necesidad de recordar las Leyes de Newton, que nos dicen:

I) Si sobre un cuerpo no se ejerce ninguna fuerza exterior, éste tiende a permanecer en el estado de reposo o movimiento en el que estaba (inercia).

II) $F = m \times a$

Despejando la aceleración ($a = F / m$), deducimos que la capacidad de pasar del estado de reposo al de movimiento dependerá de la fuerza del sujeto y de su peso corporal, pero hay que distinguir claramente entre su masa muscular (que es la que puede generar las fuerzas internas que romperán la inercia) y su masa grasa, que sería un exceso de peso o masa inerte y que por tanto le perjudicaría.

III) También el llamado principio de acción reacción nos recuerda que si sobre un cuerpo actúa una fuerza, éste realiza a su vez contra la primera una igual y de sentido contrario, y llevando esto a la carrera, se traduce que cuanto mayor sea la fuerza que nosotros ejerzamos contra el suelo, mayor será también la que el suelo nos devolverá, y en la misma medida aumentará el avance.

Es necesario recordar que las fuerzas que actúan sobre el cuerpo humano se pueden considerar concentradas sobre su centro de gravedad, por lo que la representación gráfica de lo que sucede desde el punto de vista de actuación de las fuerzas sería la que vemos en la figura 8, en la que la resultante estará condicionada por la fuerza ejercida y por la inclinación del cuerpo, la acción de los brazos e incluso el tándem de piernas.

Figura 8. Representación gráfica de las fuerzas actuantes durante la fase de impulso.

Por último, no podemos olvidar que la fuerza que se ejerza contra el suelo dependerá de la intensidad del impulso por el tiempo que actúa, y esto nos llevaría a pensar que es necesario que el tiempo de contacto con el suelo sea muy largo; pero como también sabemos que:

V = frecuencia x amplitud de zancada

una frecuencia baja nos dará una velocidad igualmente baja. De ahí que resolver el problema de la relación frecuencia-amplitud no sea sencillo y que cuando los alumnos preguntan qué es mejor para correr deprisa, si hacerlo con pasitos cortos o con pasos muy largos, la respuesta correcta sea decir que ninguno de ambos caminos da el resultado óptimo.

Para entender mejor la solución, hay que ser capaz de comprender que la fuerza impulsora que se genera sobre todo como consecuencia de la flexión-extensión de la musculatura de las piernas en un movimiento cíclico produce como consecuencia un desplazamiento corporal y una pérdida del impulso por las fuerzas externas (gravedad, rozamiento, resistencia del aire, etc.) que nos llevará de nuevo a tomar contacto con el suelo para iniciar un nuevo ciclo.

De aquí se deduce la triple acción del pie de apoyo:

- Creador de energía, a través de la acción muscular de los extensores del pie fundamentalmente.
- Transmisor de la energía creada por los extensores del tobillo que, como sabemos, se encuentran por encima de él.
- Transformador de toda la energía almacenada dando la trayectoria necesaria.

3. TÉCNICA DE CARRERA Y SUS FASES

Dadas las diferencias existentes entre unos sujetos y otros (fuerza, coordinación, antropometría, etc.), puede decirse que no hay dos que corran exactamente de la misma manera, y verdaderamente no hace falta ser muy experto para distinguir a dos atletas conocidos sólo por su *forma* de correr. La importancia relativa de las distintas fases del movimiento es variable, pero sin lugar a dudas las distintas carreras desde el esprint hasta la maratón tienen en común ciertos principios mecánicos de los que ya hemos hablado.

Según el comportamiento del pie, la resultante de las fuerzas de impulsión formará con el suelo un ángulo muy variable, y el ritmo de carrera sufrirá modificaciones consecuentemente.

La zancada es el ciclo completo que recorre el pie desde que pierde contacto con el suelo hasta que de nuevo se apoya en él. Ésta constituida, por tanto, por dos pasos, y para su estudio detallado se distinguen las siguientes fases:

Impulso

Se produce por la extensión del pie y la rodilla, iniciándose cuando las caderas, que vienen proyectadas por el impulso precedente, se encuentran en el punto más bajo de su trayectoria y han pasado a estar perpendiculares a la base metatarsiana del dedo pulgar, para terminar algo más avanzadas, con objeto de facilitar el impulso y no hacer una parábola excesivamente alta, aprovechando más la proyección del cuerpo hacia delante. El dinamismo de la extensión está relacionado con el ritmo y la velocidad de la carrera a través de un ángulo de impulso de pie-pelvis.

Se presiona con el pie como si se pretendiera echar el terreno hacia atrás cuidando su extensión hasta terminar sobre la punta de los dedos. Esta presión se inicia por la parte exterior del pie y finaliza presionando más con la interna, es decir, con la base del dedo pulgar.

Suspensión

Al término de la impulsión se entra en la fase de suspensión o de vuelo. Mientras las caderas avanzan, proyectadas adelante, de acuerdo con la parábola resultante de la fuerza aplicada y su orientación, el pie abandona el suelo elevándose por detrás, al mismo tiempo que se flexiona la pierna sobre el muslo en acción automática, como reflejo del impulso, para no perjudicar la proyección de las caderas y darles tiempo a que aprovechen el impulso. El muslo avanza adelante-arriba por la acción de los flexores de éste sobre la pelvis, desarrollando la mayor intensidad de su acción durante la impulsión de la pierna contraria, ambas en trabajo coordinado que recibe el nombre de tándem de piernas, al coincidir la extensión de la pierna de apoyo con la elevación de la rodilla de la pierna libre. Al abandonar el terreno, el pie, totalmente extendido, se flexiona con la punta recogida para facilitar el movimiento de avance y preparar la caída.

En esta fase se produce una reducción del impulso que nos llevará de nuevo a contactar con el suelo.

Mientras que el cuerpo permanece en el aire se produce una disminución de la tensión muscular, por lo que es importante una zancada larga y elástica.

Apoyo

El pie adelantado desde su posición más elevada termina su trabajo activo, volviendo al terreno de forma natural, de arriba abajo, sin ser lanzado adelante y forzar su extensión. Casi en el instante de tomar contacto con el suelo, se anticipa levemente la caída del pie cortando imperceptiblemente el paso, para lograr una mayor proyección del cuerpo adelante y, a la vez, aumentar la tensión del pie para un trabajo más efectivo. En el momento de contactar con el suelo, la rodilla y la cadera están ligeramente retrasadas respecto a él, para colocarse luego en la perpendicular del punto de apoyo.

El pie toca el suelo generalmente sobre la planta con la parte externa del antepié, algunas veces con el talón y rara vez sobre la punta. Según una u otra forma de apoyo, la longitud del paso será diferente. Es muy importante que los contactos se hagan con el pie en línea recta.

Recepción

Es la fase en la que el pie y la pierna apoyados reciben el peso del cuerpo.

La pierna llega al suelo levemente flexionada y con la parte exterior del metatarso. El talón no se apoya en el terreno aunque llega a rozarlo, ya que baja de forma elástica, al mismo tiempo que se flexiona la rodilla para amortiguar el contacto y a la vez permitir el avance de las caderas y la preparación de la pierna para el impulso.

La pierna se encuentra en su mayor flexión en el momento en que la cadera pasa por la vertical del pie de apoyo.

Posición del tronco

Salvando variedades, podemos decir que en sentido general el tronco debe estar ligeramente inclinado, ya que ello facilita la acción de avance. Cuanto más elevada es la velocidad, mayor es la inclinación, y viceversa.

El tronco se mueve como consecuencia de la coordinación que requiere la mecánica de la carrera: ayudado por la acción de los brazos, realiza un movimiento de torsión cuya amplitud está relacionada con las características de las pruebas.

La posición de la pelvis controla el movimiento de la columna lumbar. Si se sitúa en posición incorrecta, creará dificultades en el tándem de piernas.

Posición de la cabeza

De un modo natural, con la barbilla ligeramente baja. Puede aconsejarse mirar al suelo unos 15 metros adelante.

Cabeza, tronco y caderas se mantienen en una misma línea; deben formar un solo bloque unido y compacto para mejor aprovechamiento del trabajo activo de las piernas.

Acción de los brazos

Los brazos, en completa soltura muscular, se mantienen flexionados por los codos, con un ángulo aproximado de 90° que varía según la distancia, más cerrado en velocidad que en distancias largas. Las manos deben estar semicerradas y se aconseja la colocación del pulgar sobre el índice. La muñeca debe tener el tono suficiente para controlar la posición de la mano. Los brazos oscilan de atrás adelante del cuerpo, según dos planos ligeramente convergentes por delante. Su acción es más activa hacia atrás.

Conforme aumenta la distancia a recorrer, disminuye la intensidad de la acción de los brazos, que es siempre equilibradora. Los brazos se mueven rítmicamente, sincronizados por las piernas, con economía y descontracción muscular, sirviendo más de equilibradores y coordinadores que para intervenir de manera activa en la proyección del cuerpo. Puede hablarse de sincronización perfecta cuando la elevación de la rodilla de la pierna delantera termine al mismo tiempo que la oscilación atrás del codo correspondiente, es decir, el del brazo contrario a la pierna de referencia.

La técnica descrita es la correspondiente al estilo circular, que es la que prevalece. Se caracteriza, y de ahí le viene el nombre, porque la pierna que termina de impulsar avanza arriba-adelante por la acción de los músculos flexores del muslo sobre la pelvis, lo que evita la excesiva elevación del pie atrás y hace describir a éste y a la rodilla un movimiento circular en su recorrido hasta completar la zancada. El impulso de la pierna proyecta las caderas de forma que queden sobre la perpendicular del pie de apoyo a la caída de cada paso, con lo que se aprovecha al máximo la inercia de la carrera.

Además del estilo circular, han tenido aplicación otros, como el pendular, caracterizado porque el pie al final del impulso se eleva hacia el glúteo, flexionándose la pierna sobre el muslo, desde donde va hacia delante con una oscilación pendular con fulcro en la rodilla.

La elección de una u otra forma de correr viene determinada fundamentalmente por las necesidades de que prevalezca la eficacia o la economía.

En la técnica circular intervienen un mayor número de grupos musculares que realizan los movimientos en una gran amplitud, lo que implica un enorme gasto energético y, por tanto, provocará la fatiga en un corto espacio de tiempo. La técnica pendular por el contrario busca la economía de esfuerzo, lo que permite una duración prolongada del trabajo a realizar.

El estilo talón-punta, que aún se observa en ocasiones, pretende buscar ventaja en un apoyo más amortiguado y prolongado. Se desecha desde el punto de vista técnico por perjudicar el aprovechamiento de la técnica.

La iniciación técnica de la carrera comprende, dentro de la naturalidad del gesto, la corrección del mismo en sus detalles esenciales. Para ello emplearemos los ejercicios de asimilación técnica y los trotes a paso diferente procurando que el atleta adquiera sentido del ritmo, amplitud, soltura, etc. Es la base de la preparación inicial. Hemos de poner especial cuidado en la calidad del impulso y la mayor rentabilidad de su aprovechamiento por la correcta posición de las caderas.

4. ERRORES FUNDAMENTALES

1. Extensión incompleta de la pierna de impulso.
2. Trayectoria aérea desproporcionadamente alta, que provoca oscilaciones.
3. No elevar la rodilla de la pierna libre lo suficiente.
4. Colocar el tronco excesivamente adelantado o inclinado hacia atrás.
5. Mover los brazos con una trayectoria lateral en lugar de adelante-atrás.
6. Llevar los brazos muy flexionados o excesivamente abiertos.
7. Acompañar el movimiento de los brazos con una marcada rotación del tronco.
8. Rigidez en el cuello y hombros, provocado por una excesiva tensión muscular.
9. En la fase de apoyo, flexionar excesivamente la pierna.
10. Apoyar el pie con toda la planta, lo que provoca un retraso de las acciones posteriores.

5. PARTE PRÁCTICA: EJERCICIOS DE APRENDIZAJE

1) Braceo con el tronco vertical
- Pies separados a la anchura de las caderas.
- Manos ni encogidas ni rígidas.
- Brazos flexionados por los codos, más o menos unos 90°.
- Movimiento adelante y atrás de los brazos, siempre en línea recta (no cruzar brazos por delante ni por detrás).
- Los brazos flexionados por los codos permanecen como una articulación **sin movimiento** y así se mueven desde el hombro, sin deshacer esta flexión.
- Mirada al frente.

En caso de realizarlo en movimiento, vigilar la coordinación brazos-piernas.

2) Braceo con el tronco inclinado hacia delante
Lo mismo que el anterior, pero ahora con:
- Una pierna ligeramente avanzada.
- Rodillas mínimamente flexionadas.
- Tronco inclinado adelante.

3) Pasar de 1 a 2 y de 2 a 1
- Simplemente consiste en enlazar los dos anteriores.

Diferencias:

Pasar de 1 a 2:
- Avanzar un poco una pierna.
- Flexionar ligeramente las rodillas.
- Inclinar un poco el tronco hacia delante.

Pasar de 2 a 1:
- Progresivamente enderezar el tronco.
- Retrasar la pierna avanzada y separarla un poco lateralmente.
- Extender las rodillas.

4) Talón punta (acción secante)
- Constante braceo con el tronco vertical.
- *Movimiento de piernas:* comenzaremos siempre apoyando el talón, o sea, la parte del pie que tomará contacto con el suelo será el talón y posteriormente la planta (sin brusquedad: no se han de oír golpes contra el suelo).
- Para una correcta realización, hemos de intentar avanzar muy poco (más o menos un pie en cada paso). **Recordar que buscamos frecuencia y no amplitud**.
- Intentar mantener la cadera elevada.

5) Skiping bajo

- Constante braceo con el tronco vertical.
- Ligera elevación de rodillas.
- La pierna que se eleva es la contraria al brazo adelantado.
- Sólo el antepié entra en contacto con el suelo (dicho contacto es muy breve).

6) Con apoyo de brazos y tronco inclinado, elevación de los muslos

- Usamos los brazos para apoyarnos en un banco u otra superficie no muy alta.
- Con el tronco inclinado y las piernas apoyadas por detrás, elevamos los muslos por delante de la cadera.
- El apoyo de los pies en el suelo sigue siendo con la planta, por lo que no llegan los talones al suelo. El tiempo de apoyo en el suelo es muy escaso.

7) Skiping alto con una pierna (estático)

- Constante braceo con el tronco vertical.
- La pierna que se eleva es la contraria al brazo adelantado.
- La pierna que no se eleva da saltitos, apoyando exclusivamente la planta.

- La pierna que se eleva (hasta aproximadamente la altura de la cadera) apoya siempre con la planta del pie (no con el talón).

8) Skiping alto (estático)
- Constante braceo con el tronco vertical.
- La pierna que se eleva es la contraria al brazo adelantado.
- La pierna que se eleva (hasta aproximadamente la altura de la cadera) apoya siempre con la planta del pie (no con el talón).
- Hay que procurar que no se retrase el tronco.

9) Skiping alto en desplazamiento
- La misma ejecución que en posición estática, pero
- Intentando no avanzar mucho: buscamos frecuencia, no amplitud.

10) Correr por detrás (con una pierna)

- Braceo constante con el tronco inclinado adelante.
- La pierna que se eleva por detrás debe llegar a tocar el glúteo de manera rápida, y al tomar contacto con el suelo no se apoyarán los talones. El tiempo de apoyo es muy escaso.
- La pierna que no se eleva da pequeños saltos, siempre apoyando con la planta (no con el talón).

11) Correr por detrás (con ambas piernas a la vez)

- Braceo constante con el tronco inclinado adelante.
- Buscamos el **desequilibrio**.
- La pierna que se eleva por detrás debe llegar a tocar el glúteo de manera rápida. El tiempo de apoyo es muy escaso.

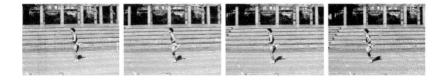

12) Batidas de longitud

- Constante braceo con el tronco ligeramente inclinado hacia delante.
- Saltamos buscando profundidad y no altura.
- La pierna que impulsa debe permanecer extendida atrás durante el mayor tiempo posible, de forma que la punta del pie quedará orientada hacia el suelo.

- El apoyo en el suelo es con la planta de pie, no de talones.
- La otra pierna se eleva hasta aproximadamente la altura de la cadera (pero siempre buscando profundidad y no altura).
- La pierna que impulsa (siempre la misma) será la contraria al brazo adelantado.

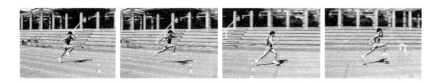

13) Segundos de triple
- Este ejercicio consiste en encadenar batidas de longitud, impulsando con ambas piernas de manera alternativa (cada vez impulsa una pierna).

14) Tumbado técnica circular
- Nos tumbamos en el suelo y elevamos las piernas a la vertical, apoyando los codos y la parte posterior de los brazos (principalmente los tríceps) en el suelo, y con las manos sujetamos la zona lumbar manteniendo el equilibrio.
- Una vez hecho esto, el ejercicio consiste en realizar la tradicional bicicleta, o sea, mover las piernas como si pedaleáramos con gran amplitud.
- Hemos de tener en cuenta que la pierna que se extiende ha de pasar por detrás de la vertical del centro de gravedad (para así acostumbrarnos a eliminar la fase negativa de la carrera), mientras que la otra pierna se ha de flexionar cuando pase por encima del abdomen.

- Por tanto, se deduce que hemos de aprender a mirar no sólo por la parte delantera del movimiento, sino que también hemos de observarlo por detrás.

15) Ejercicios de amplitud (con líneas separadas en el suelo)

- En un tramo de aproximadamente 30 ó 40 metros, pintamos rayas en el suelo, separadas entre sí por una distancia amplia pero que nos permita llegar a pisarlas cada vez que realicemos una zancada. La distancia de separación entre estas líneas dependerá de las características de cada individuo.
- Sería más o menos como realizar segundos de triple, sólo que con el inconveniente de tener marcados en el suelo los puntos de impulsión.

16) Ejercicios de frecuencia: líneas próximas en el suelo

- En este caso pintamos en el suelo una serie de líneas muy próximas entre sí, ya que ahora no buscamos amplitud sino frecuencia.

- Consiste en un *skiping* bajo pero de máxima frecuencia, realizando cada contacto con el suelo en uno de los tramos delimitados por las líneas que hemos pintado.
- Se puede hacer competitivo, de manera que el primero que llega al final gana.

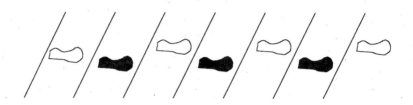

En círculo:

- *El caballero.* Consiste en ponerse por parejas formando dos círculos concéntricos (cada individuo detrás de su pareja) y se añade al círculo exterior un individuo más. A una señal, los miembros del círculo exterior empiezan a correr y cuando el profesor lo indique («ya» o «ahora» ...) cada uno tiene que montarse en su pareja, mientras que el que va solo puede montarse en quien quiera; por lo que siempre quedará uno que no se podrá montar en nadie y que pasará a ser quien vaya solo.
- *Las prendas.* Lo mismo que *El caballero*, pero a la voz de mando se tendrá que pasar por debajo de las piernas de la pareja y coger una prenda que cada uno, menos el que no tiene pareja, habrá dejado en el centro del círculo. Como habrá una prenda menos que participantes, siempre habrá uno o una que no podrá coger ninguna y será por lo tanto el perdedor.

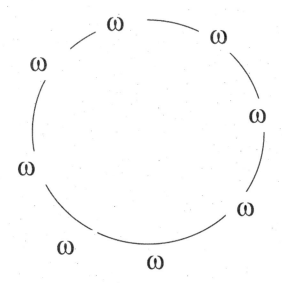

17) Modulaciones de ritmo

- En un tramo de unos 30 ó 40 metros, salimos y realizamos en progresión (de menos a más) unos 10 ó 15 metros, y nos dejamos llevar otros tantos para terminar con otro progresivo hasta el final.

En la carrera hemos de recordar:

- Constante braceo con el tronco inclinado hacia delante.
- Apoyo en el suelo con las plantas de los pies, nunca caen talones (contacto con el suelo muy breve).
- Pierna que avanza contraria al brazo adelantado.
- Mirada al frente.
- Salimos a trote normal.

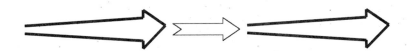

18) Carrera con distintas inclinaciones de tronco (atrás-adelante)

- Constante braceo, tanto con el tronco en vertical como inclinado adelante.
- Salir con el tronco vertical y a medida que avanzamos ir progresivamente inclinándolo, con lo que observaremos que aumentamos nuestra velocidad.
- Recordar las características de la carrera: apoyos, mirada...

19) Carrera con los brazos cruzados atrás

- Con las manos colocadas en los glúteos, por tanto sin ningún tipo de braceo, intentar correr, recordando apoyar solamente las plantas de los pies.
- Notaremos la sensación de que no avanzamos tanto puesto que no podemos ayudarnos de la acción de los brazos.

20) Carrera estática–inclinación de tronco–carrera dinámica

- En posición estática, iniciamos un *skiping* alto con el tronco vertical para progresivamente ir inclinando el tronco hacia delante, y en esa posición iniciar una carrera a buena intensidad, recordando todos los aspectos fundamentales :
- Braceo constante.
- Pierna que avanza contraria al brazo adelantado.
- Apoyo en el suelo con las plantas de los pies, no caen los talones.

- Contacto con el suelo muy breve.
- Mirada al frente.

II. LAS SALIDAS

1. REGLAMENTACIÓN BÁSICA

ARTÍCULO 162
Salida y llegada

1. La salida y llegada de una carrera deberán estar señaladas por una línea blanca de 5 cm de anchura trazada en ángulo recto respecto a las líneas de las calles. La distancia a recorrer se medirá incluyendo completa la línea de salida hasta el borde más próximo de la línea de llegada.

Con el fin de facilitar la colocación del equipo de foto-*finish* y la lectura de la película del foto-*finish*, el cuadrado formado por la intersección de las líneas de las calles con la línea de meta se pintará con un diseño adecuado.

Línea curva de salida. Sistema para marcarla

En todas las carreras que no se disputen en calles individuales, la línea de salida deberá ser curvada, de tal modo que los corredores cubran todos la misma distancia hasta la meta.

2. La salida de todas las carreras se efectuará al disparo de una pistola u otro aparato de salidas aprobado, tirando al aire, después de que el juez de salidas haya comprobado que todos los competidores están absolutamente inmóviles en sus puestos y en la correcta posición de salida.

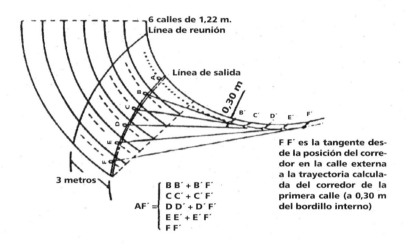

Figura 9. *Sistema de compensación para salidas en curva.*

3. En todas las competiciones internacionales, las voces del juez de salidas, en su propio idioma, en inglés o en francés en carreras hasta 400 metros inclusive (comprendidas las de 4 x 200 y 4 x 400 metros), serán las equivalentes a «¡A sus puestos!», «¡Listos!», y cuando los corredores estén dispuestos e inmóviles, se disparará la pistola o se activará el aparato de salidas aprobado. En carreras superiores a 400 metros, las voces serán las equivalentes a «¡A sus puestos!», y cuando todos los competidores estén dispuestos, la pistola será disparada, o se activará el aparato de salidas aprobado. Ningún competidor podrá tocar el suelo con su o sus manos durante la salida.

4. Si, por cualquier razón, el juez de salidas no está satisfecho de que todos los competidores estén en *sus puestos*, debe ordenar a todos ellos que se pongan en pie, y los ayudantes de dicho juez deben situarlos nuevamente en sus puestos respectivos en la línea de *reunión*.

En todas las carreras hasta 400 metros inclusive (incluyendo la primera posta del 4 x 200 y del 4 x 400 metros) es obligatoria la salida desde una posición de agachado y hay que usar tacos de salida. Después de la voz de «¡A sus puestos!», el participante debe tomar una posición en la que esté completamente en el interior del pasillo que se le ha atribuido y detrás de la línea de salida. Las dos manos y una rodilla deben estar en contacto con el suelo y los dos pies deben estar en contacto con los tacos de salida. A la voz de «¡Listos!», el participante deberá tomar inmediatamente su posición completa y final de salida, siempre guardando el contacto de sus dos manos con el suelo y el de sus pies con los tacos de salida.

Cuando el atleta esté en su puesto no podrá tocar la línea de salida ni el suelo delante de ella con sus manos o pies.

5. A la voz de «¡A sus puestos!» o de «¡Listos!», según sea el caso, todos los competidores deberán tomar rápidamente, sin dilación alguna, su plena y definitiva posición de partida. Dejar de cumplir esta voz de mando después de un tiempo razonable constituirá una salida falsa.

Si un competidor, después de la voz de «¡A sus puestos!», molesta a los otros participantes en la carrera, haciendo ruido o de otra manera, puede considerarse que ha cometido una salida falsa.

6. Si un competidor inicia su movimiento de salida después de haber adoptado su posición definitiva de partida y antes de la detonación de la pistola o del aparato de salidas aprobado, se considerará que ha habido una salida falsa.

7. Todo participante que haga una salida falsa será advertido. Si un participante realiza dos salidas falsas, será descalificado.

Todo participante que haga una salida falsa será advertido. Solamente se permitirá una salida falsa por carrera sin la descalificación del atleta o atletas que realizan dicha salida falsa. Todo atleta o atletas que hagan salidas falsas posteriores en la carrera serán descalificados de la misma.

En las pruebas combinadas, si un competidor es responsable de dos salidas falsas, será descalificado.

8. El juez de salidas, o cualquiera de sus *adjuntos*, en cuya opinión la salida no fue correcta, hará volver a los competidores disparando la pistola.

NOTA. *En la práctica, cuando uno o más participantes hacen una salida falsa, otros tienen tendencia a seguirle, y, en teoría, todo aquel que lo hace así también ha efectuado una salida falsa. El juez de salidas deberá advertir solamente al o a los competidores que, en su opinión, fueron responsables de la salida falsa. Podrán ser así varios los amonestados. Si la salida irregular no es atribuible a ningún participante, nadie será advertido.*

Carreras de 3.000, 5.000 y 10.000 metros

9. Cuando hay mas de 12 competidores en una carrera se les puede dividir en dos grupos: un grupo con aproximadamente el 65% de los competidores sobre la línea normal curvada de salida y el otro sobre otra línea de salida diferente, también curvada, que se haya marcado en la mitad exterior de la pista. El segundo grupo ha de correr hasta el final de la primera curva por la mitad de la pista que le ha correspondido.

La segunda línea de salida tiene que estar marcada de tal manera que todos los competidores corran la misma distancia.

ARTÍCULO 161

Tacos de salida

1. Tienen que usarse tacos de salida en todas las carreras de hasta 400 metros inclusive (comprendido el primer corredor de 4 x 200 y 4 x 400 metros) y no pueden utilizarse en ninguna otra carrera. Cuando los tacos de salida estén en posición en la pista, ninguna parte de ellos debe montar sobre la línea de salida o salir de la calle del atleta.

Los tacos de salida tienen que cumplir con las especificaciones generales siguientes:

a) Tienen que ser de estructura enteramente rígida y no podrán ofrecer ninguna ventaja irregular al atleta.

b) Pueden ser fijados a la pista mediante clavillos o clavos de forma que les causen el mínimo daño posible. Su estructura será tal que permita quitarlos fácil y rápidamente. El número, grosor y longitud de los clavillos o clavos depende de la construcción de la pista. El anclaje no podrá permitir movimiento alguno durante la salida efectiva.

c) Cuando un atleta utilice sus propios tacos de salida, deberán cumplir con los requisitos de los anteriores incisos (a) y (b). Pueden ser de cualquier diseño o construcción, siempre que no interfieran a los otros atletas.

d) Cuando los tacos de salida sean suministrados por los organizadores, deberán cumplir, además, con las especificaciones siguientes:

- Los tacos de salida consistirán en dos planchas en las cuales presionan los pies del atleta en la posición de salida. Estarán montados en una estructura rígida que de ninguna forma obstaculice los pies del atleta cuando abandone los tacos.
- Las planchas deberán estar inclinadas de forma que se acomoden a la posición de salida del atleta, pudiendo ser planas o ligeramente curvadas (por ejemplo, cóncavas). La superficie de estas planchas para los pies deberá estar preparada para acomodar los clavos de las zapatillas del atleta, bien sea con ranuras o hendiduras en la superficie en que se coloca el pie, o cubriendo aquélla con un material apropiado que permita el empleo de zapatillas con clavos.
- El montaje de estas planchas para los pies sobre una estructura rígida puede ser regulable, pero no puede permitir movimiento alguno durante la salida efectiva. En todos los casos, dichas planchas deberán ser ajustables delante o atrás, cada una respecto de la otra. Los sitios para estos ajustes tendrán que estar asegurados por firmes tuercas o un mecanismo de cierre que pueda ser accionado fácil y rápidamente por el atleta.

2. En las competiciones a las que se refiere el artículo 12.1 (a), y cuando sea posible (b), los tacos de salida tienen que estar conectados a un dispositivo que detecte las salidas falsas, aprobado por la IAAF. El juez de salidas y/o un adjunto del juez de salidas designado deberá llevar auriculares que le permitan escuchar claramente una señal acústica, proveniente del aparato de control, cada vez que se detecte una salida falsa (ejemplo: cuando el tiempo de reacción es menor de 100/1.000 de segundo). Si el juez de salidas decide que ha habido una salida falsa, puede comprobar los tiempos de reacción en el dispositivo de salidas falsas con el fin de confirmar qué atleta(s) es(son) responsable(s) de la salida falsa.

Tan pronto como el juez de salidas y/o un adjunto del juez de salidas designado oigan la señal acústica, y si la pistola ha sido disparada o el aparato de salidas aprobado activado, habrá una anulación y el juez de salidas comprobará inmediatamente los tiempos de reacción en el dispositivo de salidas falsas con el fin de confirmar qué atleta(s) es(son) responsable(s) de la salida falsa. Se recomienda encarecidamente este sistema para cualquier competición.

3. En las competiciones a que se refiere el Artículo 12.1 (a), (b), (c) y (d), los competidores tienen que usar los tacos de salida proporcionados por los organizadores de las mismas.

En las pistas de *todo tiempo*, los organizadores pueden insistir en que se utilicen solamente los tacos de salida facilitados por ellos.

La llegada

1. *Postes de llegada*. Salvo en los casos en los que pueden interferir con el equipo de foto-*finish*, se pueden colocar dos postes blancos en la prolongación de la línea de meta, situados por lo menos a 30 cm del borde de la pista. Deben ser rígidos y tener aproximadamente una altura de 1,40 m, una anchura de 8 cm y un grosor de 2 cm.

2. Los participantes serán clasificados en el orden en que cualquier parte de su tronco (no la cabeza, el cuello, los brazos, las piernas, las manos o los pies) alcance el plano vertical del borde más próximo de la línea de llegada, tal como se ha definido anteriormente.

3. En las pruebas de carreras o de marcha sobre distancias a recorrer en un tiempo fijo, el juez de salidas hará un disparo de pistola exactamente un minuto antes del final de la prueba, para advertir a los competidores y jueces que aquélla está a punto de terminar. El juez de salidas será dirigido por el jefe de cronometradores, y exactamente al cumplirse, después de la salida, el tiempo previsto de duración de la prueba, señalará el final de ella haciendo un nuevo disparo. En el momento en que se dispare la pistola indicando el final de la prueba, los jueces designados a este efecto señalarán el punto exacto en que cada competidor haya tocado la pista por última vez, justamente antes, o simultáneamente, de haber sido hecho el disparo. La distancia cubierta se medirá hasta el metro anterior más próximo a dicha huella. Se asignará por lo menos un juez a cada participante antes del comienzo de la prueba, con el fin de señalar la distancia cubierta.

2. TIPOS DE SALIDA

La salida en pie

Una buena puesta en acción exige la debida coordinación, así como una colocación correcta de los segmentos corporales.

Mantener el equilibrio implica proyectar el centro de gravedad entre ambos apoyos, por lo que sólo la pierna que se encuentre retrasada nos ayudará a impulsar. Esto obliga a colocar los pies próximos (menor fase negativa) y dirigidos al frente, y las piernas con una buena flexión para facilitar una rápida extensión posterior. El tronco flexionado adelante con el fin de adelantar a su vez el centro de gravedad y cargando el peso sobre la pierna más próxima a la línea de salida y los brazos en oposición a las piernas, para que desde el primer apoyo se dé la correcta sincronización. Los talones no deben estar apoyados en el suelo.

La salida de tacos

Como hemos citado anteriormente, el artículo 162 del reglamento de la IAAF en su punto n° 4 dice que: «En todas las carreras de hasta 400 metros inclusive (incluyendo la primera posta del 4 x 400 metros) es obligatoria la salida desde una posición de agachado y hay que usar tacos de salida». A partir de ahí y para no iniciar la carrera con unos primeros pasos excesivamente cortos (como consecuencia de la posición baja de la cadera) se hace necesario dominar la técnica de salida.

Si los debutantes obtienen peores marcas en las pruebas cuando salen de tacos que cuando salen de pie, es por la falta de aprovechamiento de las ventajas mecánicas de la posición agrupada en los tacos de salida.

La salida es una acción técnica que tiene por objeto pasar de la posición estática (velocidad cero) a la obtención de la máxima velocidad en el menor tiempo posible. Estamos hablando de una acción progresiva, sin que ello quiera decir que hay que buscar dicha progresión, sino que lo será como consecuencia del incremento de la amplitud de la zancada puesto que desde un principio la frecuencia debe ser la máxima.

3. FUNDAMENTOS MECÁNICOS

Figura 10. *Ventajas mecánicas de la posición de «listos».*

La posición agrupada aportará en este sentido una serie de ventajas que comienzan por permitir que ambos pies estén por detrás del centro de gravedad y por lo tanto que ambos impulsen hacia delante (acción-reacción), también una flexión de piernas que permite una extensión inmediata, y su mayor o menor separación permite impulsar con ambas piernas durante más tiempo o por el contrario durante menos tiempo al hacerlo con ambas a la vez, produciendo mayor fuerza, por lo que será esta característica del velocista, además de sus medidas antropométricas, las que determinarán la distancia entre los tacos.

Elevar la cadera por encima de los hombros y adelantar los hombros a la línea de salida pretende provocar un desequilibrio que generará una fuerza en el sentido de la marcha que, sumada a la acción de las piernas, dará una resultante mayor.

Figura 11. *Posición de «listos».*

Por todo lo argumentando se deduce que desde el primer impulso la extensión del pie y la rodilla debe ser completa, así como la acción del resto de los segmentos corporales, para lograr una buena proyección del centro de gravedad.

No obstante, la inclinación del tronco adelante y la necesidad de aumentar rápidamente la velocidad exigen algunos cambios con respecto a la técnica normal de carrera. Así, la pierna libre acciona más bien hacia delante que hacia arriba y llega al suelo más flexionada (para poder impulsar más) y con el pie de forma más rasante. Éste toma contacto con el suelo con mayor elevación del talón y por detrás de la proyección del centro de gravedad (para eliminar la fase negativa o de frenado). Los brazos realizan una acción más enérgica hacia atrás.

4. COLOCACIÓN DE LOS TACOS DE SALIDA

La posición que adopte el corredor en los tacos de salida será determinante para el rendimiento que se obtenga y viene determinada fundamentalmente por la distancia del primer bloque a la línea de salida y por la separación entre ambos.

Una colocación muy próxima del taco delantero a la línea de salida nos obligaría a una posición muy agrupada y con el peso del cuerpo muy desplazado hacia el apoyo de los brazos. Si por el contrario el primer taco se separa excesivamente, al elevar la cadera por encima de los hombros nos encontraremos con las piernas excesivamente extendidas, lo que nos impedirá ejercer un impulso importante.

Las distintas investigaciones que se han realizado sobre este tema han demostrado que los resultados son óptimos cuando los pies están mas juntos y cuando las caderas se elevan por encima de los hombros formando un ángulo de unos 30° entre la horizontal y el plano de la espalda, cuando el atleta se encuentra en el punto más alto de la posición de «listos».

Por ello, y como consecuencia de lo expuesto, se aconseja adoptar una posición de «listos» con los tacos próximos entre sí y separados de la línea de salida lo suficiente como para que permitan una posición *cómoda* del cuerpo. Cuando decimos próximos y separados está claro que es un criterio subjetivo y relativo que el entrenador establecerá en función de las cualidades físicas del atleta y de sus características antropométricas. En cualquier caso y para una salida *intermedia* se recomienda que el taco delantero se encuentre a dos pies de la línea de salida (que es la distancia que separa la rodilla del pie del atleta), lo que permite que, al colocar éste sobre aquél, cuando se baje la rodilla quede apoyada a la altura de dicha línea.

El segundo taco se coloca aproximadamente 1 pie mas atrás para que al apoyar la rodilla en el suelo el hueco poplíteo de esta pierna quede a la altura de la punta del otro pie.

5. VOCES

A SUS PUESTOS (1)

Una vez situados los tacos, la primera voz del juez es: «A sus puestos».

Figura 12. *Posición de «A sus puestos».*

Al oírla, el corredor coloca los pies contra los tacos, apoyando en el suelo la rodilla de la pierna retrasada y dejando la otra en el aire.

Las manos se colocan inmediatamente detrás de la línea de salida, apoyando las primeras falanges de los dedos pulgares de forma que éstos estén opuestos, y el resto de los dedos unidos entre sí se apoyarán bien sobre las primeras falanges o bien sobre las segundas (nudillos), habiendo doblado los dedos previamente.

La separación entre ambas manos será igual a la anchura de los hombros y manteniendo los brazos totalmente extendidos. La descontración muscular del cuello hará que la cabeza quede baja.

A   **B**

Figuras 13 A y B. Colocación de las manos.

LISTOS (2)

La segunda voz del juez es «listos». Al oírla, el atleta eleva las caderas, con lo que la rodilla que estaba apoyada pierde el contacto con el suelo, y adelantará el cuerpo de forma que la cabeza y los hombros quedarán por delante de la línea de salida y los brazos recibiendo el peso del tronco.

Figura 14. Paso de «a sus puestos» a «listos». Tomado de Kenneth J.

La elevación de la cadera tiene que ser tal que supere la altura de los hombros, pero teniendo en cuenta que las piernas no queden extendidas, pues no nos permitiría impulsar. Una flexión excesiva tampoco favorece el mejor aprovechamiento de la fuerza impulsiva, considerándose como ángulos idóneos 90° para la pierna de delante y 120° para la retrasada.

La cabeza se eleva un poco, dirigiendo la vista al suelo unos pocos metros por delante de la línea de salida, pero no al frente.

La posición deberá ser *cómoda* pues en ella se debe mantener el atleta inmóvil hasta que el juez dé la orden de inicio de la carrera propiamente dicha. Ésta se inicia al sonar el disparo (3, 4, 5, 6... 12).

6. DESCRIPCIÓN TÉCNICA DEL GESTO

En ese momento, presionando con ambas piernas contra los tacos se trata de romper la inercia. La primera pierna en actuar será la más retrasada, que tendrá que llegar al suelo en primer lugar. En los primeros apoyos la rodilla se dirigirá más al frente y no tanto hacia arriba con el objeto de que no suba mucho, ya que al principio se incrementa más la frecuencia que la amplitud

Figura 15. *Progresión de la salida desde tacos. Tomado de Álvarez C. y Durán J.*

Los talones de ambos pies deben estar bien apoyados en los tacos, pues de lo contrario lo primero que percibiremos al impulsar será el retroceso del talón.

Dado que la velocidad del centro de gravedad en los primeros pasos es escasa, éstos no pueden ser muy amplios ya que la fase negativa de la carrera se debe minimizar. Los apoyos deben ser prácticamente por detrás de la proyección de la cadera, manteniendo además para ello una mayor inclinación del tronco durante los primeros 20 metros.

Los primeros pasos deberán ser progresivamente más largos, y el hecho de que esto no sea así desde el primer apoyo estaría indicando una mala salida.

El trabajo de los brazos exige una perfecta coordinación con las piernas, procurando mantener una justa descontracción que es fundamental no sólo en la salida sino en todo la carrera de velocidad.

6.1. LA SALIDA EN CURVA

Con el objeto de evitar la dificultad añadida de luchar contra la fuerza centrífuga desde el mismo inicio de la prueba, cuando la salida es en curva se recomienda que los tacos se sitúen en la parte exterior de la calle que nos ha correspondido, pero sin invadir la siguiente y de forma que la prolongación del eje de los mismos sea tangente a la curva.

Figura 16. Colocación de los tacos en curva.

7. LA LLEGADA A META

Aunque no guarda relación con la salida, debido a su importancia en las pruebas de velocidad vamos a referirnos de manera somera al final de la prueba.

El reglamento de la IAAF en su artículo 162 y en el epígrafe 13 establece que «Los participantes serán clasificados en el orden en que cualquier parte de su tronco (y no la cabeza, el cuello, los brazos, las piernas, las manos o los pies) alcance el plano vertical del borde más próximo de la línea de llegada».

Esto provoca que los atletas inexpertos intenten lograr atravesar la línea de meta convirtiendo el último paso de carrera en un salto, cuando lo que se debe hacer es pasar corriendo pero realizando una flexión brusca del tronco al frente, como si se abalanzase, coincidiendo justo con el último apoyo antes de sobrepasar la línea de meta.

Figura 17. La llegada a la meta. Tomado de Kenneth J.

8. ERRORES FUNDAMENTALES

1. Las manos están apoyadas demasiado juntas o excesivamente separadas.
2. En la posición de «a sus puestos», tener ambas rodillas apoyadas en el suelo.
3. En la posición de «listos» los brazos soportan demasiado peso, lo que provoca crispaciones y pequeñas oscilaciones.
4. En la posición de «listos», colocar la pierna retrasada casi completamente estirada.
5. En la posición de «listos», colocar la línea de hombros más alta que las caderas.
6. Colocar la línea de hombros por detrás de la línea de apoyo de las manos, que impide obetener el desequilibrio que facilita la salida.
7. En la posición de listos, tener la cabeza levantada con la mirada dirigida al horizonte.
8. Al sonar el disparo, salir adelantando brazo y pierna del mismo lado.

9. PARTE PRÁCTICA: EJERCICIOS DE APRENDIZAJE

A) EJERCICIOS DISCRECIONALES (sin voz de ¡Ya!)

1) Perder el equilibrio (pies a la misma altura, brazos atrás) y salida enérgica

Fase de desequilibrio:
- Pies separados lateralmente aproximadamente a la anchura de las caderas.
- Manos a la espalda, juntas o separadas, es indiferente.
- Hombros adelante para facilitar el desequilibrio.
- Buscar rápidamente el suelo con la planta del pie.
- Mirada al frente.

Fase de carrera:
- Muy importante salir de manera enérgica.
- Tener en cuenta la técnica de carrera:
- Correr apoyando sólo el antepié (no con los talones).

- Bajar el centro de gravedad.
- Tronco inclinado hacia delante.

2) Perder el equilibrio (con pies juntos, acción de brazos) y salida enérgica

Igual que el anterior, pero en este caso tiene especial relevancia la acción de brazos, puesto que éstos ya no están atrás. Consecuentemente:

- Resulta muy importante coordinar correctamente la acción de brazos y piernas: brazo que avanza contrario a la pierna adelantada.

3) Determinar la pierna adelantada

- Normalmente damos inconscientemente un pequeño paso atrás (este hecho nos sirve para eliminar la fase negativa de la carrera: centro de gravedad por delante de los pies).

- La pierna que retrasamos un poco a la hora de salir enérgicamente en posición de pies juntos es la pierna retrasada en los tacos de salida.

4) Desequilibrio en posición de tándem de piernas y salida enérgica

- La posición de tándem de piernas consiste en elevar la pierna retrasada hasta aproximadamente la altura de las caderas (esta pierna se mantiene flexionada en ángulo aproximadamente de 90°) manteniendo la otra extendida.
- Una vez en esta posición, llevamos los hombros delante y salimos enérgicamente, procurando llevar de manera rápida al suelo el antepié de la pierna elevada.
- Es esencial mantener la mirada al frente.

5) Perder el equilibrio con piernas separadas

- Posición inicial: una pierna adelantada y brazos caídos.
- Tronco inclinado adelante (para avanzar el centro de gravedad).
- Mirada al frente y salida enérgica.

5.1) Colocación correcta de brazos

- Antes de salir, el brazo contrario a la pierna retrasada también se encuentra retrasado para facilitar la correcta coordinación de piernas y brazos.

5.2) Distancia correcta de los apoyos

- Se refiere al hecho de que la pierna retrasada no puede estar excesivamente atrás, puesto que cuanto más lo está, más extendida se encuentra, con lo que no podemos impulsar correctamente.
- Por su parte, la pierna adelantada debe estar ligeramente flexionada y en la perpendicular del centro de gravedad.
- Ambas piernas deben estar ligeramente flexionadas, y los pies apoyados en el suelo sólo por las plantas (no apoyamos en el suelo toda la superficie de los pies).

6) Salida desde la posición de esplit

- Esta posición consiste en retrasar de forma muy exagerada la pierna retrasada, con lo que ésta queda totalmente extendida (consecuentemente no podremos impulsar y, por tanto, tardaremos mucho en llevar la pierna retrasada delante, o sea, en salir).
- Es la forma *exagerada*, de la que no tenemos que partir nunca antes de iniciar una carrera.

7) Salida desde sentados

- El ejercicio se puede realizar partiendo desde la posición de sentados de cara al sentido de carrera (los apoyos se sitúan por delante del centro de gravedad) o sentados de espaldas al sentido de carrera (los apoyos se sitúan por detrás del centro de gravedad).
- Sentados en el suelo, en el sentido de la carrera o al contrario (sentados de espaldas), salir enérgicamente a la voz de «ya».

8) Salida desde tumbados

- Tumbados boca abajo, en el sentido del movimiento, salimos enérgicamente a la voz de «ya».
- La salida es más rápida que en el ejercicio anterior (b) puesto que no tenemos que girarnos y, además, el centro de gravedad está por delante de los apoyos (a).

9) Salida con tres apoyos (acción del brazo de atrás)

- Apoyamos en el suelo la mano del mismo lado que la pierna retrasada, para facilitar la buena coordinación de piernas y brazos (brazo que avanza contrario a la pierna adelantada).
- El primer apoyo, o sea, la pierna adelantada, se sitúa a una distancia aproximada de dos pies a la línea de salida (generalmente coincide con la distancia existente entre la rótula y el pie).
- El segundo se sitúa a una distancia de un pie del primero aproximadamente.
- Salimos enérgicamente.

10) Salida levantando el pie de atrás

- Igual que el anterior, pero levantando el pie de la pierna retrasada.
- Observo que no puedo impulsar.

11) Salida con 4 apoyos

- Manos apoyadas con las yemas de los dedos o con los nudillos (con las segundas falanges) inmediatamente detrás de la línea de salida, separadas entre sí la misma distancia que la anchura de los hombros.
- El primer apoyo (la pierna adelantada) se sitúa a una distancia aproximada de dos pies a la línea de salida (generalmente coincide con la distancia existente entre la rótula y el pie).
- El segundo se sitúa a una distancia de un pie del primero aproximadamente.
- Salimos enérgicamente.

B) EJERCICIOS CON TACOS Y DISCRECIONALES

12) La salida «corta»

Se trata de una salida con 4 apoyos (en tacos) pero con una mínima diferencia:
- La distancia que separa ambos tacos es ligeramente inferior a un pie.

- Cuando nos elevamos para salir, los talones han de llegar a contactar con los tacos con el fin de iniciar la impulsión de forma inmediata.
- Salimos enérgicamente.

13) La salida «larga»

Se trata de una salida con 4 apoyos (en tacos) pero con una mínima diferencia:
- La distancia que separa ambos tacos es superior a un pie.

Principal inconveniente:
- Cuanto más exageremos la distancia entre los pies, más extendida estará la pierna retrasada (en el momento que adoptemos la posición de «listos»), por lo que menos potente será la impulsión y consecuentemente más lenta la salida.

Principal ventaja:
- Las piernas estarán más tiempo actuando.

Salida enérgica.
Un ejemplo de salida larga exagerado sería desde la posición de *esplit* (saliendo en tacos y con 4 apoyos).

C) EJERCICIOS CON TACOS Y CON VOCES (a sus puestos, listos, ya)

14) En recta

I) *Distancia entre tacos y a la línea*
* La distancia con respecto al primer taco será de aproximadamente dos pies, que normalmente coincide con la existente entre la rótula y el pie.
* La distancia con respecto al segundo taco será de aproximadamente tres pies, o sea, a un pie del primer taco.
* Estas distancias son para deportistas/alumnos o personas en general en período de iniciación (no son *universales*).

II) *Las piernas*
* En el momento inminentemente anterior a la impulsión (posición de «listos»), la piernas no deben estar excesivamente extendidas, ya que entonces saldríamos de forma lenta.

- Las piernas deben estar orientadas en el sentido de movimiento, para evitar una deficiente salida.

III) *Los pies*
- En el momento de colocar los pies en los tacos, las puntas deben estar en contacto con el suelo.
- Para facilitar una mejor impulsión, a la voz de «ya», los talones deben llegar a contactar plenamente con los tacos.
- Hemos de apoyar correctamente los pies en los tacos, o sea, no debemos dejar ninguna parte del pie fuera de la superficie de los tacos.
- Cuando salimos, los pies buscan rápidamente el suelo.

IV) *Las caderas*
- Deben estar dispuestas en el sentido de movimiento, es decir, no las hemos de colocar desviadas hacia ningún lado con el fin de facilitar un buen equilibrio al elevarlas en la posición de «listos».
- En el momento de elevarlas (posición de «listos»), han de estar más altas que los hombros para favorecer el desequilibrio.
- Este aspecto es subjetivo e individual, puesto que no hay una altura de elevación estándar, o sea, que es una cuestión de búsqueda de sensaciones.

OBSERVANDO:

En «a sus puestos»:
Las manos. Separadas entre sí la anchura de los hombros, se situarán inmediatamente detrás de la línea de salida, con el pulgar opuesto al resto y apoyando en el suelo las yemas o las segundas falanges.
Los brazos. Extendidos pero sin tensión.
Los hombros. Por detrás de la línea de salida.
La cabeza. Con el cuello completamente relajado, se encontrará mirando al suelo.

En «listos»:
Los brazos. Extendidos totalmente.
Los hombros. Más bajos que las caderas y por delante de la línea de salida para favorecer el equilibrio.

Las caderas. Más altas que los hombros. Recordar no elevarlas demasiado. En caso de una elevación excesiva, existe la posibilidad de una pérdida del equilibrio irrecuperable, con la consiguiente caída.

NOTA. Una vez se ha dado la salida, las primeras zancadas cobran una vital importancia; así que deberemos tener en cuenta los siguientes aspectos:

- La segunda zancada ha de ser ligeramente mayor que la primera, y así sucesivamente hasta que lleguemos a alcanzar nuestra máxima amplitud, la cual intentaremos mantener hasta la línea de meta combinándola con una buena frecuencia. Por ejemplo: si la primera zancada tiene 4 pies de longitud, la segunda ha de tener 4,5 pies aproximadamente.
- Tratar de realizar una primera zancada muy corta, porque de lo contrario no podremos impulsar mucho en la siguiente y además deberemos eliminar mucha fase negativa de carrera, con lo que en vez de ir en progresión de zancada iremos en regresión, cosa no aconsejable.

15) Salida en curva

- Igual que en recta. Sólo se diferencia en que los tacos se colocarán tangentes a la línea interior de nuestra calle, en el punto más distante posible, o sea, en la recta (imaginaria) tangente a la línea exterior de la calle del adversario que nos antecede.

- Además hay que tener en cuenta que tendremos que colocar los tacos de manera que, cuando nos situemos en ellos, no invadamos la calle ajena.

16) Para mejorar la velocidad de reacción: estímulos visuales y auditivos

I)   INDIVIDUALES: I)   Con orden preestablecido
                                       II) Discriminando

II) POR PAREJAS: I)   Persecuciones
                                       II) Relevos

III) FORMAS JUGADAS

III. CARRERAS DE RELEVOS

1. REGLAMENTACIÓN BÁSICA

ARTÍCULO 166

1. Se trazarán líneas de 50 mm de anchura a través de la pista para indicar la distancia de los relevos y la línea de salida.
2. También se trazarán líneas de 50 mm de anchura, a 10 metros antes y después de las que indican las distancias de los relevos, para señalar la zona de *transferencia del testigo*, dentro de la cual tiene que pasarse éste. Dichas líneas estarán comprendidas en las medidas de la zona.

En carreras de 4 x 100 y 4 x 200 metros, los miembros de un equipo, excepto el primer corredor, pueden comenzar a correr desde una distancia no superior a 10 metros antes de la *zona de transferencia*.

Se trazará una línea distinta a las usuales en cada calle para indicar el límite de esta prolongación («prezona»).

La carrera de relevos de 4 x 100 metros y, cuando sea posible, la de 4 x 200 metros se correrán enteramente por calles.

En la carrera de 4 x 400 metros, la primera vuelta, así como la parte de la segunda hasta la terminación de la primera curva, se correrán también enteramente por calles.

Sin embargo, en la primera transmisión del testigo en el relevo 4 x 400 metros, que se realiza quedándose los atletas cada uno en su calle, el segundo corredor no puede comenzar a correr fuera de su zona de transferencia, sino que tiene que salir dentro de su zona. De la misma manera, los corredores tercero y cuarto tienen que comenzar a correr también dentro de las zonas de transferencia.

Los segundos corredores de cada equipo pueden salirse de sus calles inmediatamente después de pasar la terminación de la primera curva, que estará señalada por un banderín sobre un poste de, por lo menos, 1,50 metros de altura a cada lado de la pista y por una línea de 50 mm de anchura a través de la misma.

NOTA. En las carreras de relevos de 4 x 200 y 4 x 400 metros en que no compitan más de tres equipos, se recomienda que se corran por calles individuales únicamente la primera curva de la primera vuelta.

3. *Marcas en la pista.* Cuando una prueba de relevos se corra por calles, los competidores pueden hacer una marca en la pista dentro de su propia calle, por ejemplo, usando una cinta adhesiva pero no tiza o sustancia similar ni otro material que pueda dejar señales permanentes. Para una pista de ceniza o hierba puede hacer una marca en la pista dentro de su propia calle, rayando la pista. En cualquier caso, ningún otro tipo de marcas puede ser utilizado.

4. El «*testigo*» tiene que llevarse en la mano durante toda la carrera. Si se cayera, tiene que ser recogido por el atleta a quien se le cayó. El atleta puede abandonar su calle para recuperarlo. Siempre que se adopte este procedimiento y no obstaculice a ningún otro atleta, la caída del «testigo» no significa la descalificación. En todas las carreras de relevos, éste tiene que pasarse dentro de la *zona de transferencia.* La transferencia del «testigo» *comienza cuando lo toca por primera vez el corredor receptor* y se considera terminada en el momento en que el testigo se encuentre únicamente en su mano. Dentro de la *zona de transferencia* del «testigo», es sólo la posición de éste la decisiva, y no la del cuerpo o miembros de los participantes.

Construcción. El «testigo» consistirá en un tubo liso, de sección circular, hecho de madera, metal o cualquier otro material rígido, de una sola pieza, cuya longitud será de 0,30 m como máximo y de 0,28 m como mínimo. Su circunferencia deberá ser de 120 a 130 mm y no deberá pesar menos de 50 g. Deberá estar pintado de color vivo con el fin de que pueda verse fácilmente durante la carrera.

5. Los corredores de la tercera y cuarta posta del relevo 4 x 400 m se colocarán bajo la dirección de un juez nombrado a tal efecto, en sus posiciones de espera por el mismo orden (de dentro afuera) por el que sus compañeros realizan su paso por los 200 m en sus postas. Una vez que los corredores activos en la prueba hayan pasado este punto, los que les esperan mantendrán el mismo orden y no intercambiarán sus posiciones al comienzo de la *zona de transferencia.*

En otras carreras de relevos en las que no haya uso obligatorio de calles, los corredores que aguardan podrán posicionarse en el interior de la pista a la espera de que sus compañeros lleguen, a condición de que no empujen ni obstaculicen la progresión de otro participante.

6. Los competidores, después de que hayan transferido el «testigo», deberán permanecer en sus calles o zonas respectivas hasta que la pista quede despejada, para evitar la obstrucción a otros participantes. Si un competidor, al abandonar su lugar o su calle a la termi-

nación de un relevo, obstruye intencionadamente a un miembro de otro equipo, puede causar la descalificación de su equipo.

7. Todo competidor que sea empujado en su salida o ayudado por cualquier otro medio causará la descalificación de su equipo.

8. Una vez que un equipo de relevos haya iniciado su participación en una competición, sólo pueden participar en ella dos atletas adicionales como sustitutos en la composición del equipo para las series siguientes o la final.

Las sustituciones pueden hacerse únicamente de la lista de atletas ya inscritos en la competición, ya sea para esa prueba o para cualquier otra.

La composición de los equipos y el orden de actuación de los componentes de los mismos para el relevo tendrán que comunicarse oficialmente antes del comienzo de cada eliminatoria de la competición.

Una vez que un o una atleta, que ha participado en una ronda previa, ha sido reemplazado por un sustituto, no puede volver a formar parte del equipo.

2. FUNDAMENTOS TÉCNICOS

Los relevos son las dos pruebas en las que el atletismo se convierte en deporte de equipo y en las que por tanto son necesarias, además de unas condiciones individuales, las que permiten la interacción entre los distintos participantes. Además de las técnicas de cambio habrá que estudiar las relaciones de unos corredores con otros (táctica).

Las pruebas en cuestión son el 4 x 100 y el 4 x 400, y la finalidad en ambos casos es lograr que el testigo pase de un relevista a otro sin pérdida de velocidad, para lo que será necesario sincronizar el ritmo de carrera que permita realizar el cambio lo más rápido posible.

Dadas las diferencias entre una y otra, las describiremos por separado.

3. EL 4 X 100. ASPECTOS TÁCTICOS

Como su nombre indica, el equipo se compone de cuatro atletas que corren aproximadamente 100 metros cada uno.

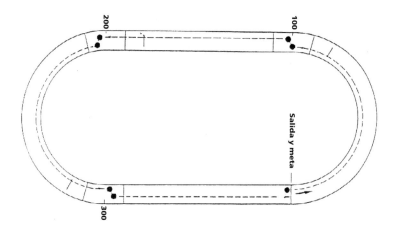

Figura 18. *Ubicación de las áreas de cambio en un relevo de 4 x 100.*

Por la gran velocidad a la que se realiza el cambio, éste tiene mucha importancia, pero también hay otra serie de aspectos no menos relevantes que vamos a analizar previamente.

De la interpretación del reglamento (zonas y prezonas, etc.) y del hecho de que en las curvas conviene correr por dentro para no hacer metros de más, se deduce que:

- *El primer corredor* sale de tacos, corre en curva (por el interior), con el testigo en la mano derecha y hasta un máximo de 110 metros, realizando por tanto sólo una entrega.
- *El segundo corredor* corre en recta, con el testigo en la mano izquierda (para no alinearse con sus compañeros) y hasta 130 metros. Recibe y entrega (dos cambios).
- *El tercer corredor* corre en curva, con el testigo en la derecha y hasta 130 metros, realizando así mismo dos cambios.

• *El cuarto corredor* corre en recta, con el testigo en la mano izquierda, 120 metros y sólo recibe (un cambio).

Para no alterar la técnica de carrera, el corredor receptor debe evitar mirar hacia atrás, por lo que será el portador quien avisará a su compañero cuando esté a su alcance para que éste extienda la mano y es en definitiva el último responsable del cambio.

Dado que la velocidad del que llega es mayor de la del que va a salir (que está parado), éste deberá empezar a correr cuando su compañero llegue a una referencia que se establece previamente, y aunque se han hecho cálculos incluso matemáticamente exactos, lo cierto es que esto es necesario ensayarlo repetidas veces y no se puede improvisar.

La referencia citada se coloca alrededor de 20 pies antes de la prezona de tal modo que, cuando el corredor portador llegue a dicho punto, el receptor empiece a correr tratando de alcanzar la máxima velocidad posible antes del final de la zona, donde se producirá el cambio, cuando su compañero se lo indique, normalmente con una voz, en cuyo momento (y no antes) extenderá el brazo atrás.

Un buen equipo será fruto de una elección adecuada de sus componentes y de una preparación concienzuda.

El valor de un equipo se sabe a partir de la diferencia que existe entre la suma de los tiempos de sus componentes y el que realizan como equipo.

3.1. DESCRIPCIÓN TÉCNICA DEL GESTO

Los aspectos técnicos se reducen a la forma de cambiar y actualmente se utilizan dos debido a las ventajas e inconvenientes que cada una de ellas tiene, pero en ambos casos se pasa de una mano del portador a la contraria del receptor, como ya hemos indicado anteriormente.

Análisis de los diferentes tipos de entregas y recepciones

La primera que vamos a explicar es la que se denomina entrega por arriba o de arriba abajo, porque ése es el movimiento que realizará tanto la muñeca del atleta como el testigo para entregarlo. La segunda es a la inversa, es decir, de abajo arriba y por la misma razón argumentada anteriormente.

Figura 19. *Técnicas de entrega «por arriba» y «por abajo».*

Aunque esta última se utiliza mayoritariamente en los equipos de elite, cada vez es más frecuente ver incluso a equipos nacionales utilizar la primera.

Como ventajas del primer sistema hay que citar que:

1. Permite ver la palma de la mano del receptor.
2. Permite una mayor separación entre los corredores, al quedar el brazo del que sale más elevado y separado del cuerpo y el brazo del portador más alargado también.
3. Cuanto más separadas estén las manos en el momento del cambio, más testigo quedará por delante para el siguiente cambio (el testigo no se acaba nunca).

Como ventajas del segundo sistema se aduce:

1. Es más natural tanto el movimiento del receptor, que no ha de volver la palma de la mano hacia arriba, como el del portador, que lo entrega en un movimiento normal del braceo.

2. A pesar de ello, tiene el inconveniente de que la mano no se ve, y que al ir pasando el testigo de un relevista al siguiente, la cantidad del mismo que va quedando es cada vez menor (con los consiguientes problemas la mayoría de las veces).

En ambos casos, la posición correcta de la mano es con los dedos unidos y dirigidos hacia fuera, excepto el pulgar, que se encuentra lo más separado posible.

En la técnica descrita en primer lugar, se produce un giro de muñeca que dejará la palma de la mano hacia arriba, separada del cuerpo y elevada. Al corredor que entrega le bastará con alargar el cuerpo y colocar el testigo sobre la mano del compañero extendiendo el brazo y con un ligero golpe de muñeca.

En el segundo caso, la palma de la mano queda hacia abajo; el brazo, en una acción más natural, queda más flexionado por el codo y a la altura de la cadera, y el portador debe colocar el testigo en la mano del receptor en su movimiento de ascenso del brazo que va adelante.

El corredor que efectúa la salida coge el testigo por un extremo sujetándolo con los dedos anular y meñique, quedando libres los tres restantes para apoyarlos en la pista como en una salida de tacos normal.

Los corredores restantes salen con dos o tres apoyos, pero buscando siempre una posición dinámica y equilibrada. Teniendo en cuenta que será mas fácil apreciar la aproximación del compañero por el interior de la curva que por el exterior, se recomienda que la pierna izquierda sea la retrasada.

Figura 20. *Posición de partida del receptor.*

Los cambios habrán sido óptimos cuando se produzcan al final de las zonas y con ambos corredores lanzados a la mayor velocidad posible, manteniendo entre ambos la máxima distancia que permita la seguridad de la entrega.

4. El 4 x 400. ASPECTOS TÉCNICOS

Es obvio que, aun teniendo el mismo valor absoluto, la importancia de la transferencia del testigo en este relevo tiene una menor trascendencia (por el tiempo total que se emplea en realizar la prueba). No obstante, en carreras muy disputadas, la victoria suele depender de la correcta ejecución de los cambios.

También aquí la eficacia se mide como en el 4 x 100.

La distribución del orden de actuación también influirá en el rendimiento del equipo, y si no existe un conocimiento previo de los demás equipos que aconsejen otra cosa, lo normal es que corra en primer lugar el corredor con la segunda marca, si tiene un buen concepto del ritmo y clase para dejar un buen puesto en la cuerda al siguiente. El segundo relevista será el más flojo de los cuatro para que el tercero pueda recuperar parte de la ventaja que haya podido perder su compañero anterior. El cuarto relevista será en que posea mejor marca y el que deberá hacer el esfuerzo que permita ganar o en cualquier caso lograr el mejor puesto y marca posibles.

La responsabilidad de los cambios en este caso se le asigna al receptor, ya que él parte con una velocidad cómoda y con todas las fuerzas intactas, mientras que el que llega lo hace al límite de sus fuerzas.

Como el receptor no parte a plena velocidad, sino que debe ajustarla a la del compañero que llega (portador) en el corto espacio de la zona (en esta prueba no hay prezona), aquí no existe más que la necesidad de asegurar el cambio, que se ve dificultado en el segundo y tercero debido a que al hacerse en calle libre se produce contacto físico entre unos equipos y otros.

La solución a este problema y otros (irse a la calle de dentro en el primer cambio...) se encuentra en que el cambio se realice como se indica a continuación:

4.1. DESCRIPCIÓN TÉCNICA DEL GESTO

Cuando sale el receptor, extiende el brazo izquierdo atrás (colocando su cuerpo entre el testigo y sus contrincantes, que estarán a su derecha por razones reglamentarias), con la mano a la altura aproximada del hombro, con la palma hacia fuera de la pista y el pulgar hacia abajo y sin perder de vista el testigo ni un momento.

El portador presentará el testigo como si fuera una vela y el receptor será el que se lo arrancará de la mano literalmente para, en el mismo movimiento del brazo hacia delante, pasarlo a la mano derecha con la que lo portará el resto del recorrido.

5. ERRORES FUNDAMENTALES (4 x 100)

1. El corredor receptor *saca* el brazo desde el momento en que empieza a correr.
2. El corredor portador, a la vez que da la señal, estira el brazo sin esperar a ver la mano del receptor.
3. El corredor receptor mira hacia atrás durante la acción del cambio.
4. El corredor receptor saca el brazo contrario al que debe, creando confusión y pérdida de tiempo.
5. El relevo es entregado fuera de la zona debido a que el receptor no ha esperado a que el portador llegase a la referencia (o ésta no es la adecuada).
6. El testigo se cae debido a que no ha habido una buena coordinación en la acción de los brazos de ambos corredores.

6. PARTE PRÁCTICA: EJERCICIOS DE APRENDIZAJE

I. EL 4 x 100

• ***Todos los cambios se efectúan por calles***

Técnicas utilizables:

A) De «*abajo arriba*».
B) De «*arriba abajo*».

1) De «abajo arriba». Estático

Los cuatro participantes se colocan de la siguiente manera:

- Primer relevista. A la izquierda de una línea de una calle.
- Segundo relevista. A la derecha de dicha línea.
- Tercer relevista. A la izquierda de nuevo.
- Cuarto relevista. A la derecha también.

- La distancia de separación entre los corredores será aquella que nos permita realizar el pase del testigo, o sea que al extender los brazos (el portador hacia delante y el receptor hacia atrás) podamos pasar el testigo de una mano a otra.
- Una vez colocados de esta forma, iniciamos un constante braceo con el tronco vertical.
- Cuando el portador del testigo lo indique («¡ya!», «¡ahora!» ...), el que le antecede extenderá el brazo atrás (aproximadamente a la altura de las caderas), en el gesto natural de la carrera, con lo que la palma de la mano quedará orientada hacia abajo con el dedo pulgar mirando hacia el interior de la pista (si recoge con la derecha: tercer relevista) o hacia el exterior (si recoge con la izquierda: 2° y 4° relevistas), y bien separado del resto de los dedos, que permanecerán juntos. De modo que cuando el que va a recibir haya extendido el brazo (¡y sólo cuando ya lo haya hecho!), el que lleva el testigo se lo entregará poniéndoselo en el hueco que forma el pulgar con el resto de los dedos.
- Es muy importante mantener la vista al frente, o sea, jamás mirar atrás.

2) De «abajo arriba». En desplazamiento

- Igual que el anterior, pero trotando dando la vuelta a la pista.
- Cuando el testigo llega al último relevista, éste lo deja en el suelo, y cuando el primero llega a su altura, lo recoge y se vuelve a empezar de nuevo.
- Es importante mantener las distancias de separación entre los participantes

- Todavía no buscamos velocidad en la ejecución, sólo pretendemos automatizar el gesto técnico del cambio.

3) De «arriba abajo». Estático

La principal y única diferencia con respecto al cambio anteriormente descrito radica en el momento del cambio del testigo:

- Cuando el que lleva el testigo lo indique, el que le antecede extenderá el brazo aproximadamente a la altura de las caderas. La palma de la mano quedará hacia arriba y los dedos como se ha descrito con anterioridad, por lo que, el que lleva el testigo sólo tendrá que alojar el testigo en dicha palma.

4) De «arriba abajo». En desplazamiento

Igual que en estático, pero trotando alrededor de la pista. Importante:

- Mantener distancias de separación entre relevistas.
- Mirada al frente.
- El último relevista deja el testigo en el suelo, el primero lo recoge, y vuelta a empezar.

5) Ajustando las referencias por parejas

1º - 2º corredor
3º - 4º y
2º - 3º

- El receptor se sitúa inmediatamente después del borde interior de la prezona (situado 10 metros antes de la zona de transferencia del testigo), mirando hacia atrás por el interior de la pista.

- Conviene que éste marque en el suelo (con un material que se quite fácilmente) una referencia.
- Cuando su compañero que viene lanzado la pise, él debe iniciar la carrera, con la finalidad de recibir el testigo cuando ya esté a la mayor velocidad posible. Esta referencia oscila entre 17 y 22 pies y se coloca antes de la prezona.
- El relevo o cambio de testigo se debe producir necesariamente dentro de la zona de transferencia, cuya longitud es de 20 metros.
- Una vez se inicia la carrera es muy importante mantener la mirada al frente.

6) Relevos completos

II. EL 4 x 400

- *La primera vuelta y la parte de la segunda que comprende hasta a primera curva (en total 500 metros) se realizan por calles; después se corre por calle libre.*

1) La técnica del cambio

- El portador presenta el testigo como una vela, entonces el receptor, extendiendo el brazo atrás, lo coge con la mano izquierda para luego cambiárselo a la mano derecha en los primeros apoyos.

2) El orden en la pista

- Cambio de 1º - 2º relevistas.
- Cambios de 2º - 3º y 3º - 4º.
- La primera transmisión del testigo (cambio de 1º y 2º relevistas) se realiza permaneciendo cada uno de los atletas en su calle; además los relevistas tienen que empezar a correr desde dentro de la zona de transferencia toda vez que no existe prezona en el 4 x 400.
- El segundo corredor, una vez pasado el banderín que marca el final de la primera curva, puede ya salirse de su calle y correr por calle libre.
- Los corredores tercero y cuarto (cambio del 2º y 3º) se colocarán en sus posiciones de espera por el mismo orden (de dentro afuera de la pista) por el que sus compañeros han pasado por los 200 metros de sus postas. El 3º y el 4º corren íntegramente por calle libre.

3) Relevos completos

IV. CARRERAS CON VALLAS

1. REGLAMENTACIÓN BÁSICA

ARTÍCULO 163

Carreras de vallas

1. Distancias. Se reconocen como distancias estándar las siguientes:

Hombres: 110 y 400 metros
Mujeres: 100 y 400 metros

Habrá diez vallas en cada calle, colocadas conforme a las indicaciones que figuran en el cuadro siguiente:

Tabla 5. Distancias reglamentarias en las vallas

HOMBRES				
Distancia de la carrera	Altura de las vallas	Distancia entre la línea de salida y la primera valla	Distancia entre las vallas	Distancia entre la última valla y la línea de llegada
110 m 400 m	1,067 m 0,914 m	13,72 m 45,00 m	9,14 m 35,00 m	14,02 m 40,00 m
MUJERES				
Distancia de la carrera	Altura de las vallas	Distancia entre la línea de salida y la primera valla	Distancia entre las vallas	Distancia entre la última valla y la línea de llegada
100 m 400 m	0,840 m 0,762 m	13,00 m 45,00 m	8,50 m 35,00 m	10,50 m 40,00 m

Cada valla se situará en la pista de forma que las bases se encuentren en el lado por el que se aproxima el atleta.

2. Construcción. Las vallas deberán estar construidas de metal o cualquier otro material apropiado, con la traviesa superior de madera o de cualquier otro material apropiado. Consistirán en dos bases y dos montantes que sostienen un armazón rectangular reforzado por una o más barras transversales. Los montantes se fijarán en el extremo de cada base.

Estarán diseñadas de modo que para derribarlas haga falta ejercer una fuerza de, por lo menos, 3,600 kg en el centro del borde más alto de la barra superior. Podrán ser regulables en cuanto a altura para cada prueba. Los contrapesos tendrán que ser graduables de manera que para cada altura se necesite, para derribar la valla, aplicar una fuerza de 3,600 kg como mínimo y de 4 kg como máximo.

EJEMPLO DE UNA VALLA APROBADA (110 M)

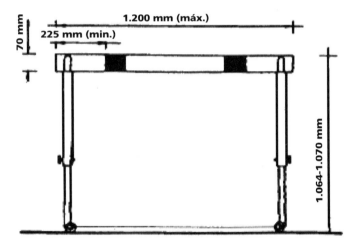

3. Dimensiones. Las alturas estándar de las vallas serán las siguientes:

Mujeres
100 metros .... 0,840 m
400 metros .... 0,762 m

EJEMPLO DE UNA VALLA APROBADA (110 m)

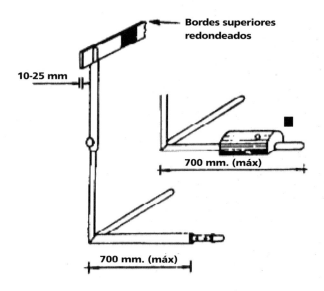

Hombres

110 metros .... 1,067 m
400 metros .... 0,914 m

La anchura máxima será de 1,20 m, y la longitud máxima de la base, de 0,7 m. El peso total de la valla no deberá ser inferior a 10 kg.

En cada caso se admitirá un margen de tolerancia de 3 mm en más o menos en las alturas estándar para salvar los defectos de construcción.

4. La barra superior deberá tener una anchura (altura) de 70 mm y un grosor entre 10 y 25 mm, y sus bordes superiores deberán ser redondeados. Estará firmemente sujeta en los extremos.

5. Dicha barra superior deberá estar pintada con franjas blancas y negras, o con otros colores que contrasten, de tal modo que las franjas más claras, que tendrán, por lo menos, 225 mm de ancho, queden en los extremos de cada valla.

6. Todas las carreras se efectuarán en calles individuales y cada participante deberá permanecer en la suya desde la salida hasta la llegada.

7. Un competidor que *arrastre* el pie o la pierna por debajo del plano horizontal de la parte superior de una valla en el momento de pasarla, o franquee una que no se halle en su calle o, según la opinión del juez-árbitro, derribe deliberadamente cualquier valla con la mano o el pie, será descalificado.

8. Con excepción de lo dispuesto en el apartado 7 de este artículo, el hecho de derribar vallas no descalificará a un competidor ni impide establecer un récord.

9. Para establecer un Récord Mundial tiene que haber sido utilizado un juego completo de vallas conforme a las especificaciones de este artículo.

2. RESEÑA HISTÓRICA

Se admite que las carreras con obstáculos son una incorporación de los tiempos modernos. No se hace mención de ellas en la literatura de la Grecia clásica, ni tampoco en los documentos de épocas anteriores. Parece cierto que las primeras carreras con obstáculos y con reglas más o menos precisas se desarrollaron en los campos de Eton, famosa escuela publica inglesa, a mediados del siglo pasado.

No pasó mucho tiempo desde su inicio hasta que se llegó a su todavía vigente reglamentación. Las denominaciones de vallas «altas», «bajas» o «intermedias» se refieren a las diferentes alturas de los obstáculos (siempre en numero de diez) que se usan respectivamente en las tres distancias clasicas: 110 metros (120 yardas), 200 metros (220 yardas) y 400 metros (440 yardas) y por extensión en sus correspondientes en la categoría femenina. Sin embargo, hay que señalar que el 200 metros vallas no figura en el programa olímpico, aunque fuera incluido en dos ocasiones (1900 y 1904).

Precisamente por su origen inglés, y al perpetuarse con los mínimos detalles, se dan las magnitudes de 13,72, distancia a la primera valla de 1,06 de altura y 9,14 de intervalo entre ellas, que evidentemente nada tienen que ver con el sistema métrico decimal y sí mucho con la reticencia de la IAAF a alterar su propio reglamento.

En los primeros tiempos, los obstáculos estaban fijos en el terreno y esto debió de ser el principal motivo de que los atletas utilizaran técnicas de paso de vallas nada económicas. En torno a 1900 se llegó al obstáculo móvil e individual en forma de T invertida, y en 1935 se introdujo ya un nuevo tipo de vallas en forma de L, provista de contrapesos, las cuales evitan riesgos de lesiones y golpes.

El 400 metros vallas es de historia más reciente. Fue ignorada por casi todos los pioneros del pasado siglo, que la consideraban excesivamente fatigosa y llena de inconvenientes, hasta el punto de atribuirle, aunque figuradamente, caracteres mortales (*monkiller event,* la carrera que mata).

Aunque se hiciera mención de un cuarto de milla con 12 vallas en el informe de una concentración universitaria llevada a cabo en Oxford en 1860, la especialidad aparece en el programa de los campeonatos inglés, sueco y americano en 1914.

Los 400 metros vallas fueron incluidos por primera vez en el programa olímpico en los Juegos de1900 en París.

3. DESCRIPCIÓN TÉCNICA DEL GESTO EN 100 Y 110 M VALLAS

Las carreras de vallas comprenden 10 obstáculos a franquear lo más rápidamente posible. El paso de valla debe ser rápido y el centro de gravedad se debe elevar lo menos posible. El objetivo técnico básico consiste en «continuar corriendo por encima de las vallas como si no existiesen».

El corredor de 110 m vallas debe ser un buen velocista, de piernas largas y gran soltura natural, especialmente en la articulación coxofemoral, así como disponer de tobillos fuertes, cualidades éstas que también son extensivas al corredor de 400 m vallas, que además deberá poseer una excelente resistencia tanto aeróbica como anaeróbica.

La salida

Es más progresiva que en velocidad pura; deben darse ocho pasos, hasta la primera valla, por lo que el pie de impulso debe estar colocado en la salida sobre el taco delantero.

Ataque y paso de la valla

El ataque exige la correcta posición ante la valla, caderas altas, el pie flexiona algo más, para facilitar un impulso más intenso y favorecer la inclinación del cuerpo para el ataque. La otra pierna se sincroniza con este impulso, subiendo flexionada al frente por la acción de los músculos flexores del muslo, hasta alcanzar la rodilla la altura de las caderas (dibujo 7 de la fig. 21), en cuyo momento se extiende continuando la acción de aquélla (dibujos 8, 9, 10 y 11). La dirección de la carrera debe evitar la tendencia a dirigirse algo diagonal al interior. No debe extenderse con rigidez la pierna, y al sobrepasar la valla, realiza una acción voluntaria de descenso, para favorecer el avance de las caderas y acortar la fase de *suspensión*, llevando el pie en la vertical del cuerpo. El ataque debe ser efectivo de «arriba abajo».

El contacto con el suelo se realiza con la parte anterior externa del metatarso, bajando el talón hasta rozar el suelo y poniendo la rodilla su máxima tensión para mantener la pierna extendida por completo. Como consecuencia de ello, el impulso de este primer paso sólo se efectúa con el pie. Esto favorece la continuidad de la cadera (dibujos 18, 19 y 20).

La pierna de impulso se extiende dejándose arrastrar en principio por el cuerpo, en línea de carrera, e iniciando a continuación un movimiento lateral de elevación, mediante el cual el muslo avanza y sube abriendo la rodilla hacia fuera (dibujos 8 a 16). La acción de dicha pierna no debe adelantarse a la línea de caderas, debiendo sincronizarla con la de la primera pierna. Desde encima de la valla el muslo continua su acción, elevando la rodilla y buscando la línea de carrera siempre con la pierna flexionada (dibujos 17, 18, 19 y 20).

Las caderas, al ser flexionadas contra la valla, deben mantenerse en igual línea que en carrera.

El tronco en el ataque se adelanta ligeramente, sin flexionarse, y, acto seguido, para compensar la elevación en la primera pierna, se inclina sobre ella manteniéndose así hasta que las caderas se sitúan encima de la valla. No ha de retardarse esta inclinación, a fin de que la proyección del cuerpo se dirija contra la valla y no hacia lo alto. En el descenso, el tronco va incorporándose con objeto de acelerar la bajada y llegar al terreno con la justa inclinación para reemprender la carrera. Por la amplitud del paso de valla, los hombros realizan una torsión más acusada que en la carrera normal. Debe evitarse la inclinación lateral de la línea de hombros.

La cabeza sigue el tronco para ayudar su acción adelante, sobre la primera pierna, contribuyendo a acortar la parábola, dependiendo su grado de flexión del estilo y características del corredor.

Los brazos cumplen una misión equilibradora: el contrario a la pierna de ataque va hacia delante y arriba flexionado, y con el codo opuesto será contenido en su tendencia a ir atrás, abriéndose lateralmente flexionado. En el descenso, los brazos siguen su acción inversa con las piernas.

Figura 21. *Secuencia completa del paso de una valla. Tomado de* L'atlethisme au milieu scolaire *(Luc Legros, Bruxelles, 1984).*

Ritmo entre vallas

El paso es más elástico que en velocidad. La velocidad entre vallas no es plenamente uniforme, aunque se trate de conseguir. El primer paso es más corto que el segundo, y el tercero más bien se acorta para favorecer la posición elevada de las caderas y la inclinación o pérdida de equilibrio del cuerpo en el ataque.

4. LA PRUEBA DE 400 M VALLA

Exige ritmo y resistencia. La técnica es menos acentuada que en 110 metros, con menos intervención de la parte superior del cuerpo. El correcto ataque debe realizarse con la pierna izquierda para:

1. Contrarrestar la fuerza centrífuga en las curvas y disponer de un mayor equilibrio en las caídas.
2. Poder correr por la parte interior de la calle, recorriendo así la distancia más corta
3. Franquear la valla absolutamente.

En la salida debe conseguirse el ritmo preciso para dar 21-22 pasos hasta la primera valla y 15 pasos entre valla y valla.

5. ALGUNAS DIFERENCIAS ENTRE HOMBRES Y MUJERES

El hecho de tener alturas, que como en el caso de 110 y 100 m vallas, van de 1,06 m (hombres) a 0,84 m (mujeres), hace que los planteamientos técnicos para una u otra especialidad difieran ligeramente. En el caso de las mujeres es más acusado el acercamiento a la carrera sin vallas. La pierna de ataque apenas se extiende realizando una acción envolvente más acusada que la de los hombres.

6. ERRORES FUNDAMENTALES

1. Superar la valla *saltando* en lugar de pasarla.
2. La pierna de ataque no pasa extendida sobre la valla, se desvía dirigiéndose hacia dentro o hacia fuera.
3. No coordinar la acción de los brazos y el tronco con las piernas en el momento de pasar la valla.

4. Una vez la pierna de ataque ha pasado la valla, mantenerla en el aire en lugar de llevarla rápidamente al suelo.
5. El atleta se *hunde* después de pasar la valla, debido a que flexiona la pierna de ataque al caer al suelo.
6. Recoger la pierna de impulso antes de completar éste.
7. Una vez la rodilla de la pierna retrasada sobrepasa la valla, es llevada adelante-abajo en lugar de llevarla adelante-arriba.
8. El atleta cambia la pierna de ataque durante la carrera.

7. PARTE PRÁCTICA: EJERCICIOS DE APRENDIZAJE EN 100 Y 110 M VALLAS

1) Apoyados en un compañero o en la pared, acción de la pierna de impulso

- Con el pie de la pierna de ataque situado en el suelo, siempre por delante de la línea determinada por la valla.
- Nos apoyamos en el compañero/a o en la pared.
- Con la otra pierna (pierna de impulso), realizamos la acción del paso de la valla:
    - El pie debe subir hasta la altura de la cadera, abriéndose lateralmente y nunca dejando la punta hacia abajo, de lo contrario tropezaremos o tendremos que elevarnos más.
    - La rodilla no se adelantará a la cadera hasta sobrepasar la valla.
    - Posteriormente no buscaremos enseguida el suelo, sino que intentaremos orientar la pierna en el sentido de carrera para por último buscar el suelo.

2) Andando, acción de la pierna de impulso (5 vallas a 2 metros)

- El pie de la pierna de ataque se pone siempre después de la línea de la valla.
- El pie debe subir hasta la altura de la cadera, abriéndose lateralmente y nunca dejando la punta hacia abajo.
- La rodilla no se adelantará a la cadera hasta sobrepasar la valla.
- Posteriormente no buscaremos enseguida el suelo, sino que intentaremos orientar la pierna en el sentido de carrera para por último buscar el suelo.

3) Con la valla entre las piernas, impulso y paso (5 vallas a 2 metros)

- La pierna de ataque flexionada y encima de la valla y la pierna de impulso apoyada en el suelo antes de ella (valla entre las piernas).
- Antes de que la planta del pie de la pierna de ataque entre en contacto con el suelo, la pierna de impulso ya habrá iniciado su acción, o sea, que ya se habrá elevado.
- Pasamos la valla de la forma ya descrita, y buscamos con la pierna de impulso la dirección de carrera y el suelo rápidamente (de forma activa).

4) Corriendo, pasar la pierna de impulso (5 vallas a 7 metros)

- Entre valla y valla daremos cinco pasos y pasaremos la valla.
- Apoyamos el pie de la pierna de ataque después de la línea de la valla, luego impulsamos y pasamos la valla de la forma ya descrita.
- La pierna de impulso debe pasar la valla cuando la cadera esté en su punto más alto.
- La pierna de impulso, una vez sobrepasada la valla, se dirige en el sentido de la carrera y buscamos el suelo.

5) Acción envolvente y rápida de la pierna de ataque. «Caballitos» (5 vallas a 7 metros)

- Antes de llegar a la valla, hacemos una especie de doble apoyo para aproximarnos a ella con la cadera alta y la rodilla flexionada, y ambas dirigidas en sentido de la carrera. Al sobrepasar la valla, extendemos la pierna de ataque y *envolvemos* la valla con la pierna buscando el suelo de manera activa.
- Sucesivamente vamos repitiendo el proceso con las distintas vallas.

6) Acción de la pierna de ataque en carrera (5 vallas a 7 metros)

- Corriendo por el exterior de la calle donde se encuentran colocadas las vallas, se trata de pasar la pierna de ataque por encima de la valla mientras que la otra pasa por fuera, evitando así poder engancharse.
- Sucesivamente, vamos repitiendo el proceso con las distintas vallas.

7) Acción completa (5 vallas a 11 metros) con cinco pasos

- En este ejercicio se trata de aglutinar todos los elementos utilizados, para pasar las vallas de forma correcta y ejecutando el gesto completo.
- Para ello bajaremos la altura de las vallas y las separaremos para que en los tramos lisos podamos recomponer la posición correcta de carrera.

8) El ritmo entre vallas

Con tres pasos (4 apoyos entre vallas):
* I) Acción de la pierna de impulso (pasando por un lado).
* II) Acción de la pierna de ataque (pasando por un lado).
* III) Acción completa:
  - 100 m: 8,50 m (8,00 m) x 0,84 m (0,76 m).
  - 110 m: 9,14 m (8,50 m) x 1,06 m (0,91 m).

9) Ritmo de salida a la primera valla

* I) Comenzaremos realizando las salidas en pie, retrasados con respecto a la posición de los tacos para compensar la diferencia de longitud de los primeros pasos.
* II) En 110 m. Con el pie de impulso en el taco delantero. Ocho pasos (13,72 m).
* III) En 100 m. Con el pie de impulso en el taco delantero. Ocho pasos (13,00 m).
* IV) En 400 m. Se realizan normalmente 21 ó 22 pasos hasta la primera valla (45 m), teniendo que atacarla con la pierna izquierda. La distancia entre vallas (35 m) se suele cubrir con 15 pasos (16 apoyos). En nuestro caso, llegaremos a la primera con 25 ó 26, haciendo 17 ó 19 pasos entre vallas (0,76 m y bajas, para chicos y chicas, respectivamente).

V. LA MARCHA

1. REGLAMENTACIÓN BÁSICA

ARTÍCULO 191

1. Definición de marcha atlética

La marcha es una «progresión» efectuada paso a paso, de tal manera que el contacto con el suelo se mantenga sin interrupción.

(a) Durante el período de cada paso, el pie del marchador que avanza tiene que tomar contacto con el suelo antes de que el pie atrasado haya despegado del mismo.

(b) La pierna de apoyo tiene que estar recta (es decir, no doblada por la rodilla), por lo menos un momento, cuando se halle en la posición vertical.

2. Jueces

(a) Los jueces de marcha designados deben elegir un juez principal (o jefe de jueces).

(b) Todos los jueces deben actuar individualmente y sus juicios se basarán en observaciones hechas a simple vista.

3. Advertencias

Los competidores tienen que ser advertidos por cualquier juez cuando, por su modo de progresión, corren el riesgo de incurrir en el incumplimiento de las normas que definen la marcha, pero no podrán ser objeto de una segunda advertencia del mismo juez por la misma infracción. Habiendo advertido a un competidor, el juez tiene que informar de esta acción al juez principal.

4. Descalificación

(a) Cuando, en opinión de tres jueces, la forma de progresión de un competidor deja de cumplir con la definición de marcha atlética durante una parte cualquiera de la competición, deberá ser descalificado, comunicándosele su descalificación por el juez principal.

(b) Normalmente, un competidor tiene derecho a una advertencia antes de que se produzca su descalificación.

(c) En una competición, que sea controlada directamente por la IAAF o que se desarrolle con su autorización, dos jueces de la misma nacionalidad no estarán facultados, en ninguna circunstancia, para descalificar a un marchador.

(d) La descalificación puede darse inmediatamente después de que el competidor haya alcanzado la meta, si fuera prácticamente imposible informarle de su descalificación durante la prueba.

(e) Cuando se produzca una advertencia, tiene que mostrarse al competidor un indicador blanco con el símbolo de la infracción a cada lado. Un indicador rojo simboliza la descalificación del competidor. Este último sólo puede ser utilizado por el juez principal.

(f) En las competiciones de marcha en pista, un competidor que sea descalificado tendrá que abandonarla inmediatamente. En las que se celebren por carretera, el competidor descalificado tendrá que quitarse inmediatamente después de su descalificación los números de identificación que lleva y salirse de la ruta

NOTA. Se *recomienda usar un tablón de anuncios de descalificaciones para mantener a los competidores informados sobre el número de tarjetas rojas de descalificación que se hayan entregado al juez principal para cada competidor.*

5. (a) *Seguridad*

(i) Los organizadores de competiciones de marcha que se celebren en carretera tienen que garantizar la seguridad de los competidores. En las competiciones de marcha a que se refiere el artículo 12.1 (a), (b) y (c), los organizadores tienen que dar seguridades de que las carreteras que han de utilizarse para la competición serán cerradas en ambos sentidos, es decir, que no estarán abiertas al tráfico motorizado.

(ii) En las competiciones a que se refiere el artículo 12.1 (a), (b) y (c), las competiciones de marcha en carretera se organizarán de tal modo que se asegure que los marchadores finalicen con la luz del día.

(b) *Condiciones médicas*

(i) Un examen médico sobre el terreno durante el desarrollo de una prueba, realizado por personal médico designado y claramente identificado por el comité organizador, no será considerado como ayuda.

(ii) Un competidor tiene que retirarse inmediatamente de la prueba si así se lo ordenara un miembro del equipo médico oficial, provisto de una identificación clara del comité organizador (brazalete, peto u otra indumentaria similar que le distinga).

6. Puestos de esponjas/bebidas y avituallamiento

(a) En la salida y la llegada de todas las carreras habrá agua y otros refrescos apropiados.

(b) Para todas las pruebas en pista o en carretera de hasta 20 km inclusive, se pondrán puestos de esponjas/bebidas y avituallamiento con intervalos apropiados de aproximadamente 2-3 km o en cada vuelta, en función de las condiciones climatológicas.

(c) Para todas las pruebas de más de 20 km, se pondrán puestos de avituallamiento aproximadamente a 5 km de la salida y, después, aproximadamente cada 5 km o cada vuelta.

Además, se instalarán puestos de esponjas/bebidas, donde se facilitará agua, aproximadamente a mitad de camino entre los puestos de avituallamiento, o con más frecuencia en función de las condiciones climatológicas.

Los avituallamientos, que pueden ser suministrados por el organizador o por los atletas, deberán estar disponibles en los puestos fijados por el competidor. Estarán situados de tal manera que los competidores tengan fácil acceso a ellos, o puedan ser entregados en sus manos por personas autorizadas.

Un competidor que tome avituallamiento en cualquier otro lugar distinto de los puestos asignados puede ser descalificado.

NOTA. *En competiciones internacionales, un máximo de dos representantes oficiales de cada país pueden situarse detrás de la mesa de avituallamiento. En ninguna circunstancia puede un representante oficial correr al lado del atleta mientras éste esté tomando su avituallamiento.*

7. Circuitos en carretera

En las competiciones a las que se refiere el artículo 12.1 (a), (b) y (c), el circuito para los 20 km marcha deberá tener, si es posible, un

máximo de 2,5 km. El circuito para los 50 km marcha deberá tener, si es posible, 2,5 km, y un máximo de 5 km si tiene lugar en un recorrido de «ida y vuelta».
Los circuitos en carretera serán medidos de acuerdo con el artículo 165.3.

2. FUNDAMENTOS MECÁNICOS

Aunque andar ha sido considerado siempre el gesto más natural de los ejecutados por el hombre, la marcha atlética (por las razones reglamentarias ya expuestas y por razones mecánicas para mejorar el rendimiento) no constituye una acción tan simple como andar rápido.

Como la velocidad de desplazamiento vendrá dada por la frecuencia y la amplitud del paso del marchador, el pasar de la marcha a la carrera es una tendencia natural que el reglamento no permite (exige mantener el contacto permanente con el suelo, y por tanto elimina la fase de suspensión de la carrera), y que nos obliga a cuidar de forma especial la técnica (la pierna de apoyo tiene que estar recta); además, y teniendo en cuenta que los esfuerzos de larga duración sólo pueden ser mantenidos cuando hay una alternancia de contracción-relajación, el enfoque de la técnica en esta especialidad es fundamental.

En la marcha, lo que se pretende es la proyección hacia delante de la masa del cuerpo por la accción de las piernas, para lo cual es fundamental la impulsión sobre el terreno.

El impulso es menos dinámico en la marcha que en la carrera, por una parte por la falta de acción impulsora de la rodilla (extendida) y, por otra, porque un trabajo tan intenso provocaría la fase de suspensión que no sólo no es necesaria sino que es antirreglamentaria.

El avance, por tanto, se produce como consecuencia de la acción de las articulaciones del metatarso y del tobillo (extensores del pie) y de la cadera, al impulsar sobre el terrreno para proyectar ésta adelante, y por la acción mecánica de la misma, que toma parte activa en el avance de la pierna correspondiente.

A su vez y dada esta limitación, cobra especial importancia la acción de las caderas, porque su alternancia en la acción-relajación permitirá mantener el esfuerzo (a veces por encima de las 4 horas), y nos va a permitir un movimiento *ascendente* con un punto máximo cuando la pierna está extendida y un movimiento descendente con el punto más bajo cuando la pierna que ha acabado de impulsar se encuentra a la altura de la otra al pasar adelante.

El otro movimiento de la cadera y quizás el más importante es el que obliga al marchador a *adelantar* la cresta ilíaca correspondiente a la pierna que va a apoyar en un intento de lograr así una mayor amplitud del paso.

Pues bien, como consecuencia de la acción simultánea de ambos movimientos, tendremos uno resultante y de tipo circular de cada cresta ilíaca, que es el movimiento peculiar del marchador.

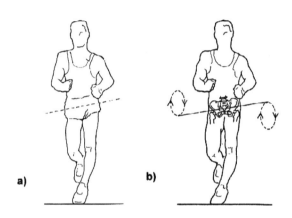

Figura 22. *Movimientos de la cadera: a) ascendente-descendente y b) resultante (tomado de Campra).*

3. DESCRIPCIÓN TÉCNICA DEL GESTO

En primer lugar es necesario hacer constar la importancia de mantener el centro de gravedad a una altura constante, toda vez que las oscilaciones en sentido vertical originan un gasto de energía inútil que perjudicará el rendimiento.

Las caderas

Desempeñan una función esencial en la ejecución de una buena técnica ya que de su correcto movimiento depende el avance y mantener el centro de gravedad (CG) a una altura constante.

El movimiento de éstas ya descrito no debe exagerarse, pues conlleva un esfuerzo adicional de los musculos del tronco, que, como veremos más adelante y por coordinación, compensa la acción de las caderas. No obstante, y dada la importancia de conducir las piernas adelante en su fase inactiva, es conveniente insistir en ello.

Por lo expuesto es necesario considerar la soltura de esta articulación una cualidad fundamental del marchador, y trabajarla adecuadamente.

Las piernas

Son el verdadero medio de locomoción y su trabajo lo realizan en dos fases *activas*: una de tracción y otra de impulso. La primera, desde que el talón toma contacto con el suelo y hasta que el CG se coloca en su vertical, y la segunda, desde ese momento hasta que el pie abandona el suelo para pasar adelante.

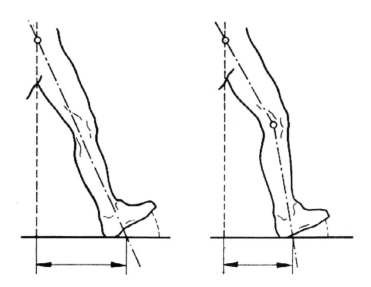

Figura 23. *Acción de la pierna en la fase de tracción (tomado de Campra).*

A lo largo de todo este proceso, la pierna se debe mantener extendida, flexionándose las rodillas sólo cuando termina el impulso para pasar adelante sin rozar el suelo pero sin elevar el pie excesivamente.

La toma de contacto con el suelo se inicia por el talón, y en una acción circular llega a apoyarse totalmente, evitando que la punta del pie caiga de golpe.

Aunque la pierna debe llegar extendida para facilitar el avance de la cadera, la rodilla no debe estar bloqueada, haciéndolo lo antes posible para iniciar la fase de tracción y manteniéndose así hasta finalizar el impulso.

El tronco y la cabeza

Deben permanecer con una ligera inclinación adelante, siempre que no sea exagerada, pues favorece el avance del CG y por ende el desplazamiento. Inclinado atrás, retrasará el mismo, aumentando la fase negativa, y excesivamente adelante, exigirá un esfuerzo innecesario a los músculos de la espalda, y en ambos casos, además, dificultará la correcta acción de las caderas y las piernas.

Del mismo modo que ocurre en la carrera, para contrarrestar el movimiento alternativo de avance de las caderas, los hombros girarán oponiéndose a éstas para mantener así la trayectoria que deseemos llevar.

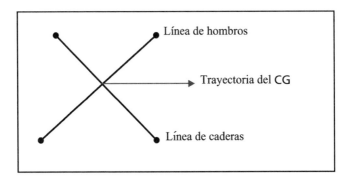

Figura 24. *Movimientos de hombros y cadera en el plano transversal.*

Existe otro movimiento de compensación de la oscilación lateral de las caderas a nivel de los hombros que exige una ligera inclinación del hombro del mismo lado de la pierna en apoyo.

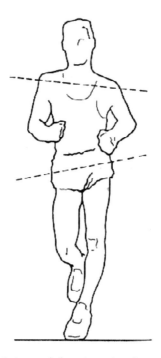

Figura 25. *Movimientos de la cadera y hombros en el plano frontal (tomado de Campra).*

La cabeza se debe mantener erguida, en línea con el tronco y con la vista al frente, en absoluta descontracción, para lo cual se evitará cualquier inclinación de la misma que crisparía los músculos del cuello.

Los brazos y los hombros

La acción principal de los brazos, al igual que cuando andamos o corremos, es la de dar ritmo y equilibrio a la marcha, por lo que es fundamental la buena coordinación con las piernas.

La amplitud de este movimiento estará en función de la de las piernas y su dirección será de delante atrás y ligeramente hacia fuera, siendo un movimiento claramente activo.

Como en la carrera, el ángulo del codo estará en torno a los 90° para las acciones rápidas y un poco más abierto cuando la velocidad del marchador disminuya, buscando así una economía del esfuerzo.

Los hombros, por su parte, realizarán un movimiento anteroposterior y de torsión pero nunca ascendente, puesto que ello afectaría a su vez al CG, que debemos tratar de mantener sin grandes oscilaciones. Tanto los hombros como los brazos deben ser capaces de actuar sin crisparse.

4. ERRORES FUNDAMENTALES

1. Apoyar los pies en dos líneas separadas, desplazando con ello el peso del tronco de un lado al otro.
2. Realizar la acción de brazos en un plano lateral.
3. No impulsar sobre el terreno por falta de acción del pie retrasado.
4. No extender la pierna, bloqueando la rodilla, durante la fase activa de la pierna de apoyo.
5. Marchar elevando el cuerpo a cada paso por dirigir el impulso hacia arriba en lugar de hacerlo hacia delante.
6. Marchar elevando el cuerpo a cada paso por no relajar y bajar la cadera al llevar la pierna adelante.
7. Flexionar el tronco adelante para lograr así adelantar aún más el CG.
8. No mover hacia atrás los brazos.
9. No mover las caderas.

5. PARTE PRÁCTICA: EJERCICIOS DE APRENDIZAJE

1) Andar sobre una línea pero cruzando los pies sobre ella
• De modo que el pie izquierdo quede a su derecha y viceversa.

- Cuidar que ambos pies vayan paralelos a la línea.
- Buscar el avance de la cadera.

2) Realizar el ejercicio anterior pero sin mirar al suelo
- Cuidar que ambos pies vayan paralelos a la línea.
- Buscar el avance de la cadera.

3) Andar normalmente de forma que ambos pies se apoyen sobre una línea
- Cuidar el avance de la cadera.
- Contrabalancear el movimiento con los brazos extendidos a lo largo del cuerpo.

4) Marchar, realizando pasos de gran amplitud

5) Marchar, realizando pasos muy cortos

6) Con una pica en los hombros, y con los brazos extendidos sobre ella
- Marchar exagerando los pasos y la torsión de la parte superior del tronco.

7) Marcha lenta con paso largo
- Atendiendo sólo a presionar contra el suelo con el talón de la pierna adelantada.
- Realizar con el pie una acción de secante.
- Mantener la rodilla bloqueada para trabajar la fase de tracción.

8) Marchar normal con paso largo y ritmo lento

- Cuidando sólo el impulso del pie, realizando para ello una total extensión del mismo.

9) Realizar cambios de ritmo marchando

10) Marchar, alternando cada 100-200 metros el paso

- Comenzar suave, pasando a máxima velocidad a través de una progresión (por grupos, marchando en fila india, el último debe progresar hasta colocarse el primero).

CAPÍTULO III

SALTOS

I. SALTO DE LONGITUD

1. REGLAMENTACIÓN BÁSICA

Artículo 173
Salto de longitud

El salto de longitud tiene como objeto conseguir la mayor distancia posible en un salto realizado con una carrera previa de impulso y en el que el atleta se impulsa sobre una pierna. La caída se realiza sobre un foso de arena. Desde el punto de vista reglamentario, la distancia se mide desde la huella más próxima hecha en el foso de caída, por cualquier parte del cuerpo o miembros, hasta la línea de batida o prolongación de la misma. Se considera salto nulo cuando:

- El atleta toca el suelo más allá de la línea de batida con cualquier parte del cuerpo, bien sea durante la carrera de impulso sin saltar, o en el acto del salto (pie de batida).
- Saltar desde el exterior de cualquiera de los extremos de la tabla, tanto si es delante como si es detrás de la prolongación de la línea de batida.
- Durante la caída toca el suelo fuera del foso más cerca de la línea de batida que la marca más próxima hecha en el salto en la zona de caída.
- Después de completado el salto, camina hacia atrás por la zona de caída.
- Realiza cualquier tipo de salto con voltereta (salto mortal) durante la carrera de toma de impulso o en el acto del salto.

Figura 26. *Instalación necesaria para el salto de longitud.*

La instalación del salto de longitud está formada por un *pasillo de saltos*, un *lugar de batida* (tabla) y un *foso de caída*. El pasillo de carrera tiene una longitud que no debe ser menor de 40 metros, y un ancho de entre 1,22 y 1,25 m. El lugar de batida está señalado por una tabla (de 1.21 a 1.22 m de largo, 20 cm de ancho y 10 cm de grosor, enterrada al mismo nivel del pasillo y que la superficie del foso de caída). Al borde de la tabla más cercano al foso de caída se le denomina *línea de batida*. Inmediatamente después de esta línea de batida se colocará una tabla indicadora de plastilina como ayuda a los jueces para estimar el salto nulo, esto es, cuando el pie de batida sobrepase la línea de batida. Por último, el foso de caída estará repleto de arena para favorecer la recepción del atleta en su caída.

El foso de caída deberá medir un mínimo de 2,75 metros y un máximo de 3 metros de anchura y, si es posible, estará situado de tal forma que el centro del pasillo de toma de impulso, si se prolonga, coincida con el centro del foso de caída.

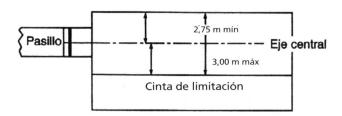

2. FUNDAMENTOS MECÁNICOS

Los saltos horizontales tienen como objetivo alcanzar la máxima distancia posible una vez realizada la acción de batida, después de una carrera de impulso previa.

Desde el punto de vista mecánico, la fase de vuelo de un salto es comparable a la de un tiro parabólico, en el que la velocidad inicial, el ángulo de salida y la altura determinan la llamada parábola de impulso, y la resistencia del aire cambia haciendo que la segunda parte se modifique más que la primera.

En la fase de batida, y por el principio de acción-reacción (tercera Ley de Newton), el atleta saldrá proyectado con una fuerza igual y de sentido contrario a la que él haya sido capaz de generar contra el suelo como consecuencia de la potencia de la contracción de los músculos de sus piernas fundamentalmente.

Dicha fuerza, que entendemos que se produce a nivel del suelo, habrá que trasladarla al centro de gravedad del saltador para mejor interpretar todo lo que sucede con posterioridad.

Mediante la batida se genera una aceleración en la que predomina la componente vertical, que, combinada con las componentes horizontales de la velocidad de la carrera y del despegue, determinará el ángulo de proyección en fase de vuelo.

Una vez que el saltador ha perdido el contacto con el suelo, la trayectoria del CG ya ha sido determinada y sólo la técnica de vuelo permitirá el aprovechamiento de lo realizado hasta ese momento, o la pérdida en mayor o menor medida como consecuencia de los errores.

La trayectoria, que es la resultante de la velocidad, del ángulo de proyección y de la altura del CG, ya no puede estar influida por las fuerzas internas (fuerzas musculares), y por tanto, las cualidades del saltador deberán ser la velocidad (componente horizontal) y la fuerza (componente vertical), además de su estatura y su coordinación.

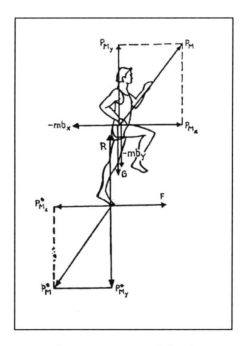

Figura 27. Fuerzas en la batida.

Teóricamente, el ángulo ideal para la proyección de un móvil es de 45° siempre que las dos componentes (vertical y horizontal) sean iguales, pero como esto no es normal en el salto de longitud y además la altura del CG del saltador en el momento del despegue y en el aterrizaje no es la misma, el ángulo de proyección suele estar en torno a los 20°.

La carrera y la batida pueden llegar a representar el 80% del total del salto, a pesar de que el vuelo sea mucho más espectacular.

3. DESCRIPCIÓN TÉCNICA DEL GESTO

En el salto de longitud, las acciones técnicas se realizan a lo largo de cuatro fases: **carrera**, **batida**, **vuelo** y **caída**.

3.1. La carrera de impulso

La carrera debe realizarse de forma progresiva y controlada. El objetivo está centrado en que el atleta llegue a la tabla de batida a la máxima velocidad controlada posible para efectuar una batida en condiciones. En la última fase de la carrera (últimos 3-4 pasos) hay que procurar que no se pierda velocidad. Para ello, es necesario que el atleta tenga «talonada» la carrera. Es decir, tenga medida la carrera de forma que realice el número de pasos necesarios para conseguir los puntos anteriormente descritos.

La carrera debe ser «talonada» de forma que en el instante de la batida el atleta llegue con la mayor velocidad aprovechable para el salto y, además, sitúe el pie correspondiente en la tabla de batida ajustándose lo más posible a la línea.

En su ejecución la carrera de impulso se divide en tres fases: 1) puesta en acción, 2) fase de progresión y 3) preparación para la batida.

Una de las fases más delicadas de la carrera tiene lugar durante el tiempo en el que se realizan las últimas zancadas previas a la acción de impulso en la tabla, y de forma especial, en lo que acontece en los dos últimos pasos. La ejecución correcta de los dos últimos pasos de carrera resulta esencial para:

- No perder la velocidad horizontal acumulada en las fases previas.
- Obtener un ángulo óptimo de batida.

El penúltimo paso de carrera es más largo que los anteriores y el último, previo a la batida, es el más corto de todos. En el tiempo en que se realiza el penúltimo apoyo de los pies en el suelo, el atleta efectúa un pequeño descenso del CG con objeto de prepararse para el salto. Además, la pierna de batida debe realizar un movimiento pendular para situar el pie en la tabla para conseguir el ángulo de batida apropiado.

Desde el punto de vista reglamentario, al igual que las carreras lisas de velocidad, el límite establecido para el viento favorable en la carrera es de 2 m/s. Un salto conseguido con una velocidad del viento superior a los 2 m/s es válido para la clasificación en la competición, pero no lo es para su homologación oficial.

3.2. La batida

La batida constituye el instante decisivo del salto. En esta fase, el atleta debe transformar la velocidad horizontal acumulada en un salto vertical, que se realiza con la pierna dominante del atleta. Su ejecución se puede dividir en dos fases:

1. De amortiguamiento: comienza con la implantación del pie de batida en la tabla y termina en el instante en que se produce la máxima flexión de la rodilla.
2. De impulso: desde el instante anterior hasta el momento de abandonar el pie de la tabla, una vez completada la acción de extensión de la pierna de impulso.

Figura 28. *Posición de batida.*

Tras el último paso pendular, el pie toma contacto con la tabla por la parte externa del antepié (llegando a apoyar toda la planta) y con la pierna extendida, que se flexionará ligeramente para recibir el peso del cuerpo, comenzando su extensión en el momento en que el CG esté en la perpendicular del pie de batida.

A la fuerza de impulso de la pierna de batida se sumarán las fuerzas producidas por la acción de la pierna libre, que sube flexionada hasta alcanzar la altura de la cadera, y también la acción de los brazos.

Es muy importante que la pierna de batida se extienda completamente con el fin de completar la acción de impulsión y mantener esta posición el mayor tiempo posible. Estos dos movimientos deben realizarse de forma coordinada de manera que sean sumativos y consigan concentrar las fuerzas que condicionan la elevación del atleta.

La duración de la batida oscila entre 0,10 y 0,13 segundos para el caso de atletas confirmados.

3.3. El vuelo

Se le denomina también fase de suspensión. Comienza tras finalizar la batida hasta el instante previo al aterrizaje en el foso de arena. Durante esta fase el saltador realiza una serie de movimientos con los segmentos libres con la finalidad de:

* Controlar las rotaciones producidas en la fase de batida para poder mantener el equilibrio del salto.
* Situar los segmentos corporales en posición favorable para no interferir la trayectoria de vuelo.
* Preparar la acción de caída.

En el salto de longitud existen diferentes variantes técnicas para realizar la fase de vuelo:

* Técnica de «extensión». También denominada «golpe de cadera», consiste en realizar una acción de flexoextensión de la cadera de forma que ambas piernas se mueven al unísono hasta el instante del aterrizaje.

- Técnica de «tijeras» o «pasos en el aire». Consiste en realizar pasos en el aire durante la fase de vuelo. Existen diferentes posibilidades. La técnica más natural es la de "uno y medio" (una zancada antes de caer en el foso). Otras posibilidades más complejas son las técnicas de "dos y medio" y "tres y medio" (dos o tres zancadas en el aire antes de la caída.

A **B**

Figuras 29 A y B. *Técnica de «extensión» y de «pasos en el aire».*

3.4. La caída o recepción

Constituye la última fase del salto y en ella el saltador toma contacto con el foso de arena a nivel de los pies. La finalidad de esta fase es conseguir la máxima eficacia posible para no perder distancia de salto. Esto es:

- Intentar que los pies tomen contacto con la arena sobre la trayectoria de vuelo del CG y en una posición lo más alejada posible de la tabla de batida.
- Realizar el amortiguamiento de la velocidad de caída.
- Procurar que la entrada de las caderas en el foso de arena se produzca en el mismo punto, o más lejos, del contacto de los talones.

Inicialmente, el primer contacto con el foso de arena se produce con los talones de los pies y de forma simultánea. En este primer instante del contacto, los brazos se encuentran situados detrás del tronco para compensar la acción de las piernas hacia delante.

Figura 30. *Fase de caída.*

En una segunda fase, las rodillas de las piernas se flexionan para permitir que las caderas avancen hacia delante de forma que el contacto de éstas no se produzca por detrás del punto de contacto inicial de los talones. En esta fase, los brazos van hacia delante para ayudar al movimiento de avance.

Figura 31. *Seriación de un salto de longitud.*

4. ERRORES FUNDAMENTALES

- Talonamiento desajustado, perdiendo parte del salto o haciendo salto nulo e incluso llegando con la pierna contraria.
- Perder velocidad en los últimos apoyos de la carrera.
- No realizar correctamente las modificaciones de los últimos pasos, acortándolos para no hacer nulo, o alargándolos buscando la tabla.

- Acción descoordinada de brazos-piernas en la batida.
- Falta de extensión en la pierna de batida en la fase de impulso.
- Posición incorrecta del tronco en fase de vuelo, inclinándolo excesivamente adelante.
- Falta de coordinación brazos-piernas en los movimientos aéreos.
- Precipitar la caída buscando el suelo con los pies.
- Caer en el foso de espaldas por no llevar los brazos adelante o por no flexionar las piernas en el momento de la toma de contacto.

5. PARTE PRÁCTICA: EJERCICIOS DE APRENDIZAJE

1. Ejercicios de talonamiento de la carrera.

- Fuera del pasillo (en la pista), partiendo de una referencia, correr una distancia de 30 metros. Señalar el punto de apoyo de la pierna de batida al final. Se realizan varios intentos hasta conseguir estabilizar el punto de apoyo de la pierna de batida. Finalmente se mide la distancia entre el punto de salida y el punto de apoyo de la pierna de batida. La distancia puede ser medida con una cinta métrica o en pies.
- Trasladar al pasillo de salto la distancia anterior.

2. Sobre la recta de la pista realizar batidas sucesivas cayendo con el mismo pie de batida en el suelo. Se debe poner el acento en la extensión completa de la pierna de batida y la adopción de una posición final equilibrada.

3. Igual que el ejercicio anterior, realizar batidas sucesivas con la variante de caer con la pierna libre después de la batida. Al caer sobre la pierna libre, el ejercicio centra la atención en conseguir una acción de batida más amplia.

4. Desde posición estática. El pie correspondiente a la pierna de batida se apoya sobre una valla invertida. A partir de aquí, extender la pierna de batida hasta adoptar la posición correcta de batida. Tratar de mantener la extensión de la pierna de batida y el equilibrio general. Los brazos se mueven de forma coordinada respecto al movimiento de las piernas.

5. En el foso de salto. Salto de longitud de parado. Desde parado, con los dos pies a la misma altura y apoyados en el extremo del foso, realizar un impulso hacia delante hasta caer con los dos pies en el foso de arena. Los brazos ayudan a la acción de impulsión con un movimiento enérgico y coordinado de atrás adelante.

6. Con tres o cinco pasos de carrera previa, realizar la acción de batida y caer en el foso manteniendo las piernas en posición de tándem. Es importante que la acción de batida sea completa y que el hecho de tener que caer en el foso no impida dicho objetivo.

7. Con una carrera corta de impulso realizar la acción de batida sobre un trampolín rígido o elemento elevado del suelo, reproduciendo correctamente las acciones de caída.

8. Suspendido en una barra, realizar los movimientos de las piernas en fase de vuelo reproduciendo las técnicas de pasos en el aire. Procurar realizar un movimiento amplio.

9. Saltos completos con carrera de impulso media.

10. Saltos completos con carrera completa.

II. TRIPLE SALTO

1. REGLAMENTACIÓN BÁSICA

El triple salto tiene como objeto conseguir la mayor distancia posible en tres saltos sucesivos con una carrera previa de impulso. El salto debe efectuarse de manera que el atleta caiga, primero, con el mismo pie que ha efectuado la batida y, después, en el segundo salto, sobre el otro pie, en el que se apoyará para efectuar el salto final. La caída se realiza después del tercer salto sobre un foso de arena. Desde el punto de vista reglamentario, la distancia se mide desde la huella más próxima hecha en el foso de caída, por cualquier parte del cuerpo o miembros, hasta la línea de batida o prolongación de la misma. Se considera salto nulo cuando *(reglamentación oficial de atletismo – IAAF):*

* Durante la caída toca el suelo fuera del foso más cerca de la línea de batida que la marca más próxima hecha en el salto en la zona de caída.
* Después de completado el salto, camina hacia atrás por la zona de caída.
* No se considera salto nulo si el competidor al saltar toca el suelo con su pierna «pasiva».
* Para el caso de la categoría infantil (hombres y mujeres), sólo se permite utilizar una carrera de impulso máxima de 15 metros.

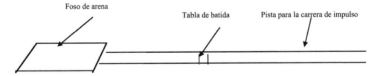

Figura 32. *Instalación para el triple salto.*

La instalación del triple salto está formada por un *pasillo de saltos*, un *lugar de batida* (tabla), una zona para las caídas del primero y segundo salto, y un *foso de caída*. Como en el caso del salto de longitud, el pasillo de carrera tiene una longitud que no debe superar los 45 metros, y un ancho entre 1,22 y 1,25 m. El lugar de batida está señalado por una tabla (de 1,21 a 1,22 m de largo, 20 cm de ancho y 10 cm de grosor, enterrada al mismo nivel del pasillo y que la superficie del foso de caída). En competiciones internacionales se recomienda que la tabla de batida se sitúe del foso de caída a una distancia de 13 metros para hombres y de 11 metros para mujeres. En todo caso, para atletas pertenecientes a categorías inferiores, la tabla puede situarse a menor distancia con objeto de favorecer que realicen la caída dentro del foso de arena. La distancia entre la tabla de batida y el extremo más lejano del foso de caída deberá ser, al menos, de 21 metros. Al borde de la tabla más cercano al foso de caída se le denomina *línea de batida*. Inmediatamente después de esta línea se colocará una tabla indicadora de plastilina como ayuda a los jueces para estimar el salto nulo, esto es, cuando el pie de batida sobrepase la línea de batida. Por último, el foso de caída estará repleto de arena para favorecer la recepción del atleta en su caída.

Desde el punto de vista reglamentario, al igual que las carreras lisas de velocidad, el límite establecido para el viento favorable en la carrera es de 2 m/s. Un salto conseguido con una velocidad del viento superior a los 2 m/s es válido para la clasificación en la competición, pero no lo es para su homologación oficial. Por otro lado, en una competición el atleta dispone de seis intentos. Tres intentos iniciales y tres intentos más de mejora. En el caso de que compitan más de ocho atletas, sólo pasan a los saltos de mejora los ocho atletas que hayan realizado mejor resultado en los tres intentos iniciales.

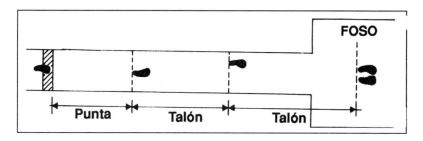

Figura 33. *Método de medición en el triple salto.*

2. DESCRIPCIÓN TÉCNICA DEL GESTO

En el triple salto, las acciones técnicas se realizan a lo largo de cuatro fases: **carrera, batida, vuelo** y **caída**. Para el caso de la fase de batida, el salto se divide en las acciones del **primer salto** *(hop)*, **segundo salto** *(step)* y el **tercer salto** *(jump)*.

2.1. La carrera de impulso

La carrera debe realizarse en condiciones similares a la del salto de longitud. Esto es, de forma progresiva y controlada. El objetivo está centrado en que el atleta llegue a la tabla de batida a la máxima velocidad controlada posible para efectuar una batida en condiciones. En la última fase de la carrera (últimos 3-4 pasos) hay que procurar que no se pierda velocidad. Para ello, es necesario que el atleta tenga «talonada» la carrera. Es decir, tenga medida la carrera de forma que realice el número de pasos necesarios para conseguir los puntos anteriormente descritos.

La carrera debe ser «talonada» de forma que en el instante de la batida el atleta llegue con la mayor velocidad aprovechable para el salto y, además, sitúe el pie en la tabla ajustándose lo más posible a la línea de batida.

Una de las fases más delicadas de la carrera tiene lugar durante el tiempo en que se realizan las últimas zancadas de carrera, y de forma especial, lo que acontece en los dos últimos pasos. La ejecución correcta de los dos últimos pasos de carrera resulta esencial para:

• No perder la velocidad horizontal acumulada en las fases previas.
• Obtener un ángulo óptimo de batida.

Como en el salto de longitud, uno de los aspectos técnicos más importantes es la relación entre la longitud del penúltimo y el último paso antes de realizar la batida. Siguiendo el criterio general de que el penúltimo paso de carrera es más largo que los anteriores y el último es el más corto de todos, en el triple salto la diferencia entre ambos es menos acusada. De hecho, la diferencia entre uno y otro en el triple no excede de 10 cm, mientras que en el salto de longitud en ocasiones se llega a 30 cm de diferencia. Cuando se realiza el penúltimo apoyo de carrera, el atleta efectúa un pequeño descenso del CG con objeto de prepararse para el salto. En el caso del triple salto, este descenso del CG es menos acusado que en el caso del salto de longitud debido a que en el triple, como se ha apuntado anteriormente, el ángulo de batida debe ser inferior con objeto de mantener la mayor componente horizontal posible.

2.2. La batida

La batida constituye el instante decisivo del salto. En esta fase, el atleta debe transformar la velocidad horizontal acumulada en un salto vertical y se realiza con la pierna dominante del atleta. En el triple salto, ante la necesidad de saltar hacia delante, el ángulo de batida es el más bajo de todas las disciplinas de saltos. De ahí que las acciones que debe realizar el atleta tengan como objeto aprovechar al máximo las componentes horizontales de la velocidad aportadas por la carrera y la batida.

En todo caso, y como quiera que en el triple salto se realizan tres acciones de

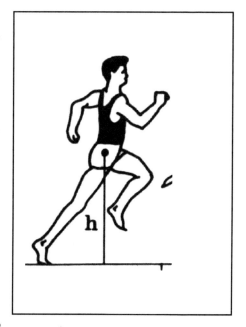

Figura 34. *Posición de batida.*

batida, conviene diferenciar la que tiene lugar en la tabla de batida de las que acontecen en los dos siguientes saltos (*step* y *jump*).

La primera batida se basa en los siguientes puntos técnicos: extensión completa de la pierna de batida, elevación de la rodilla de la pierna libre y acción de apoyo de los brazos en oposición a las piernas. De todos, el aspecto más importante es la extensión completa de la pierna de batida junto a la elevación de la pierna libre. Estos dos movimientos deben realizarse de forma coordinada de manera que sean sumativos y consigan concentrar las fuerzas que condicionan la elevación y avance del atleta. Esta primera acción de batida debe contribuir a la proyección del atleta hacia delante, procurando aprovechar la velocidad horizontal aportada por la carrera de impulso.

Las otras dos batidas, las que tienen lugar en el *step* y el *jump*, juegan un papel fundamental para seguir avanzando hacia delante, manteniendo en lo posible la mayor componente vertical, lo cual depende de tres aspectos básicos:

- El movimiento de rotación del cuerpo en la primera fase de la batida.
- La extensión de la pierna de batida en la segunda fase de la batida.
- La transferencia de los momentos segmentarios de los brazos y la pierna libre en la segunda fase de la batida.

Una cuestión importante en las batidas del *step* y del *jump* es que la acción de batida debe iniciarse antes de la llegada del pie al suelo con objeto de asegurar lo que se denomina una batida «activa».

2.3. El primer salto (hop)

En el instante en que el pie del atleta abandona el suelo se entra en la fase del primer salto, denominado *hop*. A lo largo de este salto el atleta realiza una serie de movimientos con los segmentos libres y el tronco con el objeto de mantener la trayectoria del CG, así como conseguir una posición más favorable para la caída. Los objetivos del primer salto son los siguientes:

- Transformar las acciones realizadas en la carrera en acciones de salto hacia delante.
- Situar el cuerpo del atleta en condiciones de realizar los saltos sucesivos.
- Lograr una distancia horizontal que no impida realizar el segundo y tercer saltos en condiciones favorables.

Figura 35. *Fase del primer salto* (hop). *(Adaptado de* Atletismo II, *COI).*

En su trayectoria, el salto debe evitar una elevación excesiva porque ello dificultaría la realización del segundo salto.

Durante la fase aérea, las piernas del atleta realizan un paso completo en el aire. La pierna de batida describe un movimiento circular con objeto de caer de nuevo con el mismo pie de la batida e iniciar el segundo salto, que debe ser amplio. La figura 35 muestra las acciones a realizar, de las que cabe resaltar aquellas que tienen lugar en los instantes previos al contacto del pie con el suelo. En estos instantes finales la pierna de batida se adelanta casi en completa extensión, buscando de forma *activa* el suelo en una acción denominada de *agarre-tracción*. El objetivo reside en perder la menor velocidad horizontal posible de cara a la realización del segundo salto.

2.4. El segundo salto (step)

El segundo salto resulta ser el más corto de los tres, pero su contribución al resultado final es decisiva. Su acción comienza con la acción de agarre-tracción del pie en la salida del primer salto y termina con la implantación del pie contrario, en lo que supone el inicio del tercer salto. Los objetivos del segundo salto son los siguientes:

- Actuar de conexión entre el primer y el tercer salto.
- Mantener el equilibrio global en la distancia parcial del primer salto.

Figura 36. *Acciones técnicas del segundo salto* (step).
(Adaptado de Atletismo II, *COI).*

En la fase aérea del segundo salto se realizan unos movimientos de los segmentos libres con objeto de absorber las rotaciones generadas en la fase de batida anterior. Por un lado, las piernas efectúan una acción de agrupamiento que favorezca el adelantamiento de la pierna libre para, como en el caso anterior, realizar un movimiento amplio de extensión de dicha pierna hasta el contacto del pie en el suelo. Por otro lado, los brazos presentan movimientos compensatorios a dichas acciones de las piernas con la finalidad de mantener el equilibrio y el avance del atleta.

En el contacto del pie con el suelo, el atleta debe realizar las mismas acciones propuestas para el primer salto. La idea más importante es seguir ejerciendo una acción «activa» del pie de batida en la fase de apoyo en el suelo para favorecer la salida hacia el tercer salto.

2.5. El tercer salto (jump)

El tercer salto es el único de los tres que se efectúa de forma completa al incluir acciones de batida, vuelo y caída en el foso. En su longitud puede ser igual al primer salto si se realiza una correcta técnica de caída en el foso de arena, y en su ejecución es el más parecido al salto de longitud. Los objetivos del tercer salto son los siguientes:

- Aprovechar las condiciones de los dos saltos anteriores.
- Generar la suficiente componente vertical del salto para alcanzar la mayor distancia posible.
- Conseguir una posición del cuerpo que permita realizar la caída en el foso en las mejores condiciones posibles.

Figura 37. El tercer salto (jump). (Adaptado de Atletismo II, COI).

Las características de la batida del tercer salto son idénticas a las de un salto de longitud, aunque en este caso haya que contar con una velocidad reducida debido al tránsito obligado por los dos saltos previos. Esta pérdida de velocidad obliga a realizar una mayor flexión de la pierna de batida, lo cual produce como consecuencia la mayor pérdida de velocidad horizontal registrada en los tres saltos.

En su fase aérea, los movimientos que se realizan son similares al salto de longitud.

2.6. La caída

Respecto de las acciones de caída, tampoco habría que añadir nada nuevo a las condiciones técnicas expresadas para el salto de longitud para conseguir la mayor eficacia.

3. DISTRIBUCIÓN Y RITMO DE LOS SALTOS

La distancia de los tres saltos debe ser equilibrada con objeto de conseguir el máximo rendimiento. De nada serviría saltar mucho en el primer salto si luego el atleta es incapaz de seguir saltando hacia delante. Por tanto, resulta imprescindible distribuir el esfuerzo y la distancia en cada uno de los saltos para obtener un resultado global favorable. Cada atleta tiene unas características individuales, y en función de ello la distribución de los saltos debe realizarse a partir de la consideración de los siguientes factores:

- Fuerza de batida del saltador.
- Nivel de preparación de las cualidades motrices.
- Técnica de los movimientos.
- Control del ritmo.

Existen varias propuestas para realizar una distribución adecuada y proporcional de los saltos que podrían resumirse en las siguientes:

	1º	2º	3º
Atletas veloces: técnica polaca	34–36,4%	29–30,5%	33,3–36%
Atletas fuertes: técnica rusa	36,9–39%	29–30,5%	31–33,1%
Técnica combinada: técnica natural	36–36,2%	29–30%	34–34,8%

En la tabla 6 se muestran ejemplos de saltos reales con los porcentajes de cada uno de ellos y su contribución general al salto.

Tabla 6. Ejemplo de distribución de los saltos en saltadores de elite

	Schmidt (m y %)	Saneyev (m y %)
Distancia en el 1er salto *(hop)*	5,99 (35,2%)	6,50 (37%)
Distancia en el 2º salto *(step)*	5,02 (29,5%)	5,05 (29%)
Distancia en el 3º salto *(jump)*	6,02 (35,3%)	6,04 (34%)
Distancia total del triple salto	17,03	17,59

4. ERRORES FUNDAMENTALES

- Carrera sin ajustar el talonamiento.
- Velocidad de carrera excesivamente elevada respecto al nivel técnico y de fuerza del atleta.
- Realizar la batida del segundo salto con el pie contrario al de batida.
- Realizar un primer salto con una parábola excesivamente alta.
- Deficiente acción de la pierna de batida (*step* y *jump*) en los instantes previos a la llegada del pie al suelo. Acción pasiva.
- Acción pasiva del pie durante la acción de batida. Falta de tracción.
- Excesiva inclinación del tronco hacia delante motivada por una deficiente acción de la pierna libre en cada una de las acciones de batida.

5. PARTE PRÁCTICA: EJERCICIOS DE APRENDIZAJE

1. Multisaltos variados alternando las piernas de batida. En la ejecución del ejercicio se prestará atención al mantenimiento de un rit-

mo uniforme en los tránsitos entre saltos, así como a la acción dinámica del pie en el contacto con el suelo. El apoyo del pie se realizará sobre el metatarso y deberán evitarse acciones de apoyo sobre el talón.

2. Segundos de triple por encima de obstáculos bajos. Se trata de conseguir una acción de impulsión amplia por encima de éstos. La distancia entre los obstáculos deberá adaptarse a las posibilidades del sujeto para favorecer dicho objetivo.

3. Enlazar saltos sucesivos apoyando los pies de impulso sobre plataformas elevadas del suelo (cajón superior del plinto, etc.). El apoyo sobre plataformas elevadas favorece la obtención de una percepción de las acciones de impulsión. La altura de dichos elementos debe ser baja para evitar impactos elevados en la caída, y la distancia entre ellos debe adaptarse a las posibilidades del sujeto.

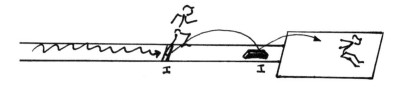

Triple 3

4. Salto triple desde posición parada (A: alternando pie de apoyo; B: a la pata coja). En este ejercicio se debe centrar la atención en conseguir acciones de impulsión amplias apoyándose en la acción, tanto de los segmentos inferiores como de los superiores, de forma coordinada.

5. Partiendo de posición estática, realizar cuatro saltos en la pista y el quinto caer en el foso, alternando los pies de apoyo de acuerdo con las siguientes estructuras:

* *izquierda – izquierda – derecha – caída*
* *derecha – derecha – izquierda – caída*
* *izquierda – derecha – izquierda – caída*
* *derecha – izquierda – derecha – caída*

6. Con carrera reducida, batida sobre la pista, caer sobre un elemento elevado del suelo para realizar la batida del segundo salto, y caída en el foso de arena. La altura del elemento elevado debe ser baja para evitar impactos excesivamente elevados.

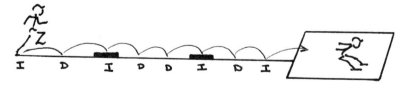

Triple 6

7. Con carrera reducida (15 metros), salto completo con caída en el foso de arena.

8. Por último, salto con carrera completa.

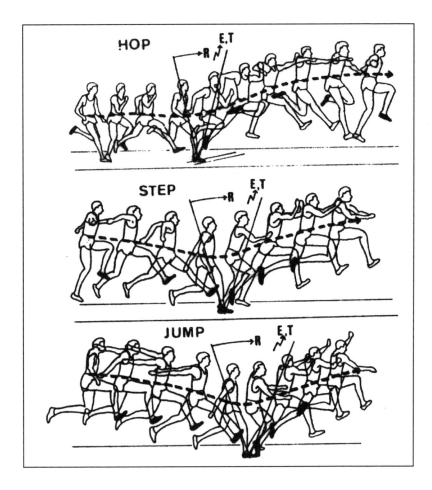

Figura 38. *Seriaciones correspondientes a los tres saltos (*hop, step *y* jump*).*

III. SALTO DE ALTURA

1. REGLAMENTACIÓN BÁSICA

El salto de altura tiene como objetivo franquear un listón, situado en posición horizontal, a la mayor altura posible. Al saltador sólo le está permitido impulsarse con un pie. La caída se realiza sobre una zona cubierta con colchonetas especiales que protejan la caída del atleta. Desde el punto de vista reglamentario, la altura del salto se mide desde la parte superior del listón al suelo. Cada atleta dispone de tres intentos para salvar cada una de las alturas. Se considera salto nulo cuando el atleta derriba el listón, o cuando pasa por debajo del mismo con cualquier parte del cuerpo antes de franquearlo.

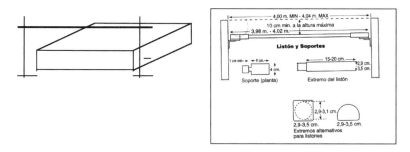

Figura 39. Instalación básica para el salto de altura (foso de caída y saltómetros).

El salto de altura es la prueba en la que se han utilizado mayor número de estilos o técnicas a lo largo de la historia. Del simple estilo del «salto a tijera» utilizado en las primeras ediciones de los Juegos Olímpicos de la Era Moderna, hasta la aparición del «Fosbury-flop» en 1968, se sucedieron una serie de técnicas entre las que cabe destacar el Lewden, así como las variantes del Rodillo, Californiano y Ventral. En todo caso, las técnicas más utilizadas a lo largo de la historia han sido las de *rodillo ventral* y de *Fosbury-flop*. En la actualidad, prácticamente la totalidad de los atletas utilizan la técnica de Fosbury-flop, denominada así como reconocimiento al atleta estadounidense Dick Fosbury, el cual revolucionó la especialidad con el uso de esta técnica de salto de espaldas al listón en la Olimpiada de México en 1968, en la que se proclamó campeón olímpico con un salto de 2,24 metros.

2. DESCRIPCIÓN TÉCNICA DEL GESTO: EL FOSBURY-FLOP

Desde el punto de vista técnico, el salto de altura consta de las siguientes fases: **carrera, batida, vuelo, franqueo del listón** y **caída**.

2.1. La carrera

La fase de carrera aporta la mayor componente horizontal al salto. En el salto estilo Fosbury, la trayectoria de carrera no es rectilínea sino curvilínea con objeto de favorecer la obtención del mayor momento angular posible en la fase de batida. En su ejecución, el atleta debe realizar una carrera progresiva, armónica y controlada. La carrera, por otra parte, debe ser talonada para realizar la batida en el lugar idóneo utilizándose para ello entre 6 y 12 pasos.

Los atletas diestros que utilizan como pierna de batida la izquierda, realizan la carrera de aproximación por la parte derecha de la zona de saltos, tal y como aparece en la figura 40. Por el contrario, los atletas zurdos, que baten con la pierna derecha, lo hacen por la parte contraria.

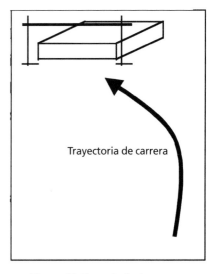

Trayectoria de carrera

Figura 40. *Trayectoria de carrera.*

Los objetivos de la fase de carrera son los siguientes:

- Conseguir la velocidad horizontal óptima que el atleta es capaz de controlar en el instante de la batida.

- Situar al atleta en la posición más favorable para realizar la batida.

La carrera en curva característica del Fosbury-flop tiene los siguientes puntos clave:

- Durante la carrera el cuerpo se encuentra inclinado hacia el interior. Esta inclinación se produce respecto del eje longitudinal del saltador y su valor aproximado es de 30°.
- El radio de carrera depende de la velocidad horizontal y de los parámetros antropométricos del saltador. Si se reduce la longitud del radio y se mantiene la velocidad de carrera, se produce un aumento de la fuerza centrífuga que debería ser compensado con una mayor inclinación del atleta.

Las acciones más decisivas de la fase de carrera se producen en las dos últimas zancadas (3 últimos apoyos). La penúltima zancada suele ser más larga que la última y en su ejecución el atleta realiza un descenso del CG durante el período en que se produce el apoyo previo a la batida (pie derecho). La figura muestra las acciones correspondientes a la última zancada de la carrera (previa a la batida).

El último paso, en comparación con el resto de las disciplinas de salto, es el más largo de todos ellos. La razón estriba en la necesidad de obtener la mayor componente vertical posible en el instante de batida. Para ello, es necesario adelantar en extremo el apoyo del pie izquierdo por delante de la proyección vertical del CG del saltador, con lo que el ángulo de la pierna de batida en el instante de la llegada del pie al suelo es el más bajo de todos los saltos.

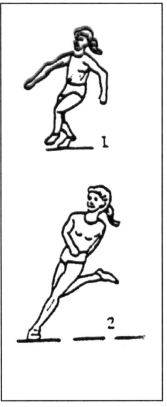

Figura 41. Últimas zancadas.

En el salto de altura no existe una tabla de batida como sucede en el caso de los saltos horizontales (longitud y triple). Sin embargo, la batida debe producirse en el sitio idóneo. Para ello, es necesario tener talonada la carrera, esto es, medida de forma que las zancadas de carrera se puedan realizar con la amplitud y fluidez necesarias para conseguir los objetivos propuestos para esta fase. Una forma sencilla de medir la carrera es la que se representa en la figura 42. El lugar donde se inicia la carrera se fija conociendo las siguientes distancias:

- a) Distancia existente en la proyección vertical del punto de salida a la prolongación de la línea que une los saltómetros.
- b) Distancia entre el punto anterior y el saltómetro del lado en que se realiza la carrera.

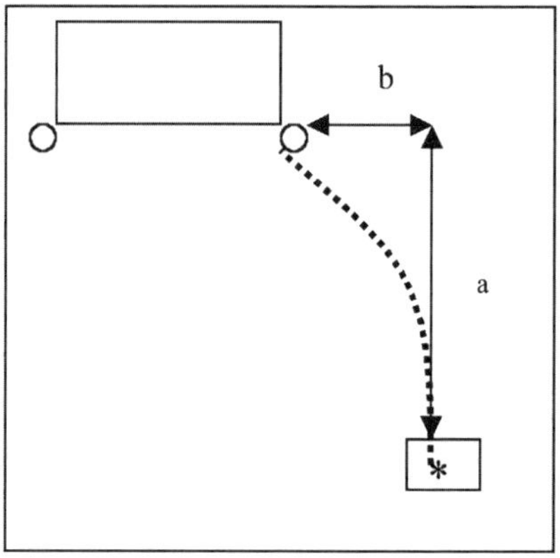

En la medida en que la carrera se realiza con una trayectoria curvilínea, es aconsejable fijar también alguna referencia que permita describir la inclinación de la curva resultante. Para ello, se seguirá el mismo procedimiento descrito para fijar el punto de inicio de la carrera.

Figura 42. *Talonamiento de carrera.*

2.2. La batida

En el salto de altura, la componente vertical conseguida en la acción de batida es la más elevada de todas las disciplinas del grupo de saltos. En este caso, el atleta debe aprovechar la energía cinética acumulada en la carrera para conseguir la mayor componente vertical posible que le permita proyectar su cuerpo en la vertical con la ayuda de las fuerzas

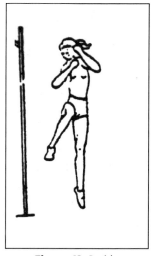

Figura 43. *Batida.*

generadas por las acciones de las diferentes partes del cuerpo en el instante de la batida. Ésta, a pesar de realizarse alejada en el tiempo del instante clave del paso del listón, constituye la fase más decisiva del salto.

La batida correcta implica la realización de las siguientes acciones técnicas:

- Extensión completa del tobillo y pierna de batida.
- Elevación de la pierna libre flexionada y ligeramente girada hacia el exterior (alejándose del listón), lo cual fuerza que la línea de las caderas gire hacia el exterior y, como consecuencia, ir adoptando la posición de espaldas al listón.
- Los brazos permanecen flexionados a 90° aproximadamente y ayudan en la acción de elevación, bien simétrica, bien asimétricamente.
- La línea de los hombros mantiene una cierta oposición al giro externo de la línea de las caderas con el fin de mantener un equilibrio sobre el eje sagital que permita mantener la batida en el eje vertical.
- La cabeza se mantiene girada hacia el listón.
- El tronco del atleta debe permanecer alineado con la pierna de batida, evitando una inclinación prematura hacia el listón.

El lugar de batida resulta esencial para conseguir que el CG del saltador se sitúe en su punto más alto sobre la vertical del listón, lo cual depende de la dirección final de la carrera, así como de la cantidad de velocidad residual que el atleta tiene al terminar la batida. El pie de batida se debe situar en el suelo de forma que su eje longitudinal forme un ángulo de 15-20° respecto del listón.

2.3. El vuelo

A partir del instante en que el pie de batida abandona el suelo, después de la batida, el atleta entra en la fase de vuelo. La trayectoria que sigue el CG del atleta en la fase aérea es una consecuencia de las acciones realizadas en las fases previas, tanto en la batida como en la carrera. Se trata de elevar al máximo el centro de gravedad para situarse en la posición ideal para, en fases sucesivas, salvar el listón.

Los giros que se realizan durante la batida (momento angular), así como los movimientos de los segmentos libres y la cabeza, producen una serie de rotaciones en los tres ejes del cuerpo, que colaboran para ir colocando al saltador en la posición óptima para el franqueo.

A lo largo de la fase de vuelo, las líneas de las caderas y de los hombros se van situando de forma que acaban en paralelo entre sí. Sin embargo, lo más característico de esta fase en el salto de altura estilo Fosbury es que el atleta se va colocando de espaldas al listón. Para ello, las acciones que realizan los denominados segmentos libres, piernas y brazos, constituyen uno de los elementos esenciales a considerar en esta fase.

Figura 44. *Fase inicial de vuelo.*

2.4. El franqueo del listón

En esta fase se realiza el objeto último del salto: franquear la altura máxima. Sin embargo, el hecho de conseguirlo o no depende más de las acciones realizadas en la fase de batida que en las propias de esta fase. En todo caso, la adopción de una posición adecuada para el franqueo del listón ayuda también a conseguir situar el CG del atleta en la posición más favorable para que todo su cuerpo consiga sobrepasar la altura. Para ello, el atleta debe adoptar una posición especial encima del listón. En el caso del estilo Fosbury, dicha posición se consigue situándose de espaldas al listón y realizando un movimiento de arqueo centrado en la cintura, de manera que la cadera se mantenga lo más alta posible en el instante en que el CG del atleta se sitúa en la vertical del

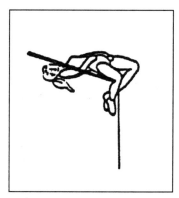

Figura 45. *Franqueo del listón.*

listón. Para ello, el atleta acompaña esta acción con un descenso de la línea de los hombros.

En la fase última del franqueo, y con el fin de que las piernas sobrepasen el listón, el atleta realiza una acción de extensión de las rodillas de ambas piernas, lo que lleva al agrupamiento del cuerpo del atleta.

Los errores más importantes en la fase de franqueo se producen por:

• Realizar una batida demasiado cerca o lejos de la vertical del listón.
• Crear una cantidad de momento angular insuficiente en la fase de batida.
• Deficiente colocación del cuerpo sobre el listón.
• Ritmo desajustado en la acción de los tiempos de arqueo-desarqueo.

2.5. La caída

Una vez sobrepasado el listón, el atleta se deja caer hacia la colchoneta. La fase de caída, por tanto, no tiene una mayor relevancia dado que las colchonetas que se utilizan actualmente son altamente seguras a la hora de evitar posibles accidentes. En todo caso, en el estilo Fosbury se debe prestar una especial atención a la posición del cuello en el instante del contacto con la colchoneta. La caída del atleta en la colchoneta se debe producir sobre su espalda para una mayor seguridad.

3. ERRORES FUNDAMENTALES

• Carrera irregular. Problemas de talonamiento.
• Carrera corta. No permite alcanzar la velocidad óptima de salto.
• Talonamiento defectuoso. Batidas fuera del punto de batida.
• Carrera fuera de la trayectoria de carrera. Batida fuera del punto de batida.
• Abrir en exceso el apoyo último de carrera por fuera de la trayectoria marcada en la carrera y separándolo del listón. Impide la ejecución de la batida vertical al proyectar al atleta lateralmente hacia el listón.

- No completar la batida. Falta de extensión de la pierna de batida.
- Acción incorrecta de la pierna libre en la batida. No permite situarse de espaldas al listón.

4. PARTE PRÁCTICA: EJERCICIOS DE APRENDIZAJE

1. a) Desde posición supina, con los talones en los glúteos y los brazos apoyados en el suelo, elevar las caderas hasta quedar apoyado solamente sobre las puntas de los pies y los hombros. b) Desde posición supina, con apoyo de manos y pies, hacer el puente.

A

B

2. Apoyar el pie de batida sobre un pequeño obstáculo (40 ó 50 cm). Extender violentamente la pierna apoyada adoptando la posición de batida. Caída sobre ambos pies.

3. Con unos pasos previos de carrera, efectuar una batida vertical hasta tocar un elemento elevado (canasta de baloncesto) con la mano del lado contrario al de la pierna de batida.

4. Batidas sucesivas, con la variante de un mayor apoyo del talón en la acción del pie de batida en la impulsión, así como con una ligerísima rotación de la cabeza hacia el lado de la pierna libre, la cual sube flexionada por la rodilla y ligeramente girada hacia el lado de la pierna de impulso.

5. Desde posición de parado, efectuar un salto hacia atrás-arriba de espaldas hasta adoptar la posición arqueada propia del franqueo del listón. Primero, realizar el ejercicio desde la propia colchoneta y, después, desde el suelo y situado de espaldas a la colchoneta. La acción debe estar dirigida por el impulso de las piernas y el movimiento de los hombros.

6. De espaldas al listón o elástico, situado a baja altura. Partir con las piernas ligeramente flexionadas, tronco vertical y brazos sueltos, y realizar un impulso vertical con las dos piernas hacia arriba-atrás hasta situarse en la posición de franqueo del listón. Como variante del ejercicio se puede realizar también desde un trampolín para conseguir un mayor tiempo de vuelo.

7. En la zona de saltos, realizar un salto completo con una carrera reducida a los tres últimos pasos.

8. Como en el ejercicio anterior, efectuar un salto completo con carrera reducida pero realizando la batida sobre algún elemento elevado del suelo (último cajón de un plinto o trampolín rígido).

9. Realizar un salto completo con carrera completa (6-8 pasos) teniendo en cuenta de forma especial la trayectoria de la carrera en curva.

IV. SALTO CON PÉRTIGA

1. REGLAMENTACIÓN BÁSICA

El salto con pértiga tiene como objeto sobrepasar un listón situado a la mayor altura posible con la ayuda de una pértiga. Para proteger la caída del atleta, después de sobrepasado el listón, se utilizan instalaciones (colchonetas) especiales, que se muestran en la figura 46 B.

La instalación del salto con pértiga está formada por un *pasillo de saltos* y una *zona de caída*. Como en el caso del salto de longitud, el pasillo de carrera tiene una longitud mínima de 40 metros y un ancho de entre 1,22 y 1,25 metros.

Para catapultarse hacia la vertical, el atleta debe apoyar la pértiga en un cajetín que se encuentra situado al final del pasillo de carrera e incrustado en el suelo, y cuyas características físicas se muestran en la figura 46 A.

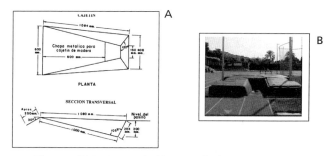

Figuras 46 A y B. *Instalación para el salto con pértiga.*

Desde el punto de vista reglamentario, el atleta dispone de tres intentos para superar cada una de las alturas que queden establecidas en la competición. Los competidores podrán hacer retroceder o avanzar los saltómetros o los soportes, en un sentido u otro, pero éstos no deberán ser desplazados más de 40 cm en el sentido del pasillo de toma de impulso, y no más de 80 cm hacia la zona de caída, desde la prolongación del borde interno de la parte superior del cajetín.

Un competidor realiza intento «nulo» cuando se producen las siguientes circunstancias:

- Después del salto el listón no se queda sobre los soportes por la acción del saltador.
- Cuando el saltador toca el suelo, incluyendo la zona de caída, con cualquier parte de su cuerpo o con la pértiga, más allá del plano vertical de la parte superior del tope del cajetín, sin franquear primero el listón.
- Si después de haber despegado del suelo, coloca la mano inferior por encima de la superior o desplaza ésta hacia lo alto de la pértiga.

2. DESCRIPCIÓN TÉCNICA DEL GESTO

En el salto con pértiga las acciones técnicas se realizan a lo largo de las siguientes fases: **carrera, presentación y clavada, batida, fase vuelo o fase aérea, franqueo o paso del listón, y caída**. Para el caso de la fase de vuelo, el salto se divide en las acciones de **péndulo, agrupamiento, extensión y giro**.

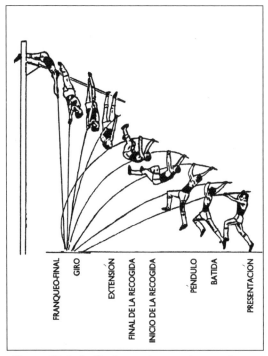

Figura 47. Seriación de un salto completo por fases.

2.1. La carrera de impulso

Como en el resto de las disciplinas de saltos, la carrera se efectúa de forma progresiva con objeto de alcanzar la máxima velocidad en los instantes previos a la batida. La carrera se puede iniciar desde posición de parado o con impulso previo. En su ejecución, la carrera de impulso consta de una primera fase de aceleración, una segunda fase de mantenimiento de la máxima velocidad y una última fase de preparación a la batida en la que se realiza la «presentación de la pértiga» y el «clavado».

La longitud de la carrera depende del nivel de capacidad deportiva del saltador, aunque en líneas generales podría decirse que los atletas de elite utilizan entre 16 y 20 zancadas, mientras que los principiantes, carreras de 10 a 16 zancadas.

La carrera de impulso debe ser talonada de manera que en el instante de la batida, el atleta realice la misma en el lugar idóneo para transmitir a la pértiga la mayor cantidad de energía posible. Una particularidad del salto con pértiga es que no existe una zona señalada para realizar la batida, sino que cada atleta, en función de la altura del agarre alto de la pértiga, utiliza un lugar u otro.

Figura 48. *Transporte de la pértiga.*

Durante la primera fase de la carrera, el atleta transporta la pértiga con el extremo más alejado elevado del suelo casi en posición vertical y, progresivamente, a medida que se aproxima al cajetín, va haciendo descender dicho extremo hasta el instante en que se produce el «clavado» en el cajetín. Para el caso de un saltador diestro que realiza la batida sobre su pierna izquierda, la mano derecha constituye el agarre alto y la izquierda el agarre bajo. Durante el transporte, la mano derecha se sitúa junto a la cadera derecha y la izquierda se encuentra a la altura del pecho. Los codos se sitúan pegados al cuerpo y la separación de manos será de entre 45 y 60 cm.

2.2. Presentación y clavado

La presentación y clavado de la pértiga en el cajetín se realizan en las últimas 2 zancadas de carrera. Constituye una fase importante porque de su realización depende la consecución de una posición de bati-

Figura 49. Presentación y clavado de la pértiga.

da correcta. En el instante del antepenúltimo apoyo, la pértiga se adelanta; posteriormente, en el momento en que se produce el penúltimo apoyo (contacto del pie derecho con el suelo), la pértiga debe situarse a la altura del hombro, y desde aquí, se realiza una acción de extensión de los brazos adelante-arriba, conduciendo el extremo de la pértiga hacia el fondo del cajetín para conseguir el clavado en el instante en que el pie izquierdo contacta con el suelo (dibujo 5 de fig. 49).

2.3. La batida

Como en cualquier salto, la batida constituye una de las fases más decisivas para la obtención del rendimiento. En su ejecución, la batida del salto con pértiga es similar a la que se realiza en el salto de longitud, con la diferencia de que el atleta mantiene los brazos extendidos arriba con objeto

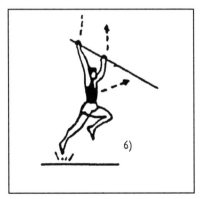

Figura 50. La batida.

de sujetar la pértiga. La pierna de batida se mantiene extendida, la pierna libre flexionada y el tronco ligeramente inclinado adelante. En el instante de la batida, a pesar de que la pértiga ha contactado con el cajetín, aún no debe apreciarse un doblado de ésta.

El pecho y la cadera penetran en la pértiga mientras ambos brazos, suspendidos, rotan sobre el eje de los hombros. El brazo izquierdo se flexiona en un ángulo cercano a los 90° y el derecho se mantiene completamente extendido para permitir el avance del cuerpo.

Se considera punto de batida la posición en la que el pie de batida se encuentra en la proyección vertical del agarre alto (mano derecha). En el caso de que el atleta realice la batida más allá de este punto (batir metido), se produce un bloqueo y desaceleración del despegue y, como consecuencia, problemas en la fase aérea para alcanzar la vertical sobre el listón. Esta situación también se puede producir por el caso contrario, esto es, por realizar la batida desde una posición anterior al punto de batida (batida corta).

2.4. Péndulo y penetración

La energía acumulada gracias a las acciones de la carrera de impulso y de la batida se trasladan a la pértiga, que, como consecuencia, se dobla permitiendo que el atleta siga avanzando hacia el listón y posteriormente catapultarlo hacia la vertical. El doblado de la pértiga depende de los siguientes factores:

- La penetración del saltador en la pértiga.
- La velocidad de despegue.
- La altura del agarre.
- La dureza de la pértiga.
- El comportamiento del atleta en la fase de agrupamiento.

En esta fase el atleta se encuentra suspendido en el aire y las piernas, como consecuencia de haber abandonado el suelo,

Figura 51. Péndulo y penetración.

realizan una acción pendular que da inicio a la siguiente fase en la que, de manera activa, el saltador comienza a agruparse.

2.5. Recogida y agrupamiento

Después de la fase de péndulo comienza a producirse el agrupamiento del saltador hacia la pértiga. Esta acción de recogida y agrupamiento se realiza mediante un giro sobre el eje de los hombros, con los brazos extendidos, en un movimiento que asemeja el molino que efectúan los gimnastas en la barra fija. En la parte inicial de la recogida es importante que la pierna de batida se mantenga lo más recta posible durante su recorrido ascendente.

A partir de estas primeras acciones, el saltador debe dirigir las piernas hacia la vertical. La fase de recogida termina cuando el dorso del saltador se encuentra paralelo al suelo, instante en que se produce la máxima flexión de la pértiga. La posición que adopta finalmente el saltador se reconoce como posición de U.

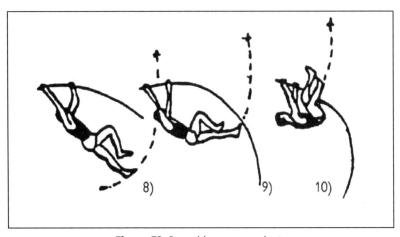

Figura 52. *Recogida y agrupamiento.*

2.6. Extensión y giro

A partir de la posición de máximo agrupamiento, el saltador comienza a extender las piernas hacia la vertical con objeto de aprovechar la acción de desdoblado de la pértiga. Durante esta fase es importante que el brazo correspondiente al agarre alto (derecho) se mantenga extendido y que el izquierdo se flexione lo más tarde posible para garantizar la elevación de las caderas y la total extensión del atleta. De esta forma, y a medida que el saltador continúa su fase de ascenso, va adoptando las posiciones de J y, posteriormente, de I, justamente en el instante en que inicia el giro y que se corresponde con la máxima verticalidad invertida del cuerpo del saltador.

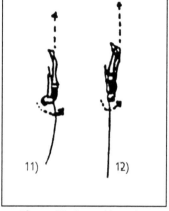

Figura 53. *Extensión y giro.*

El brazo derecho (agarre alto) al iniciarse la rotación permanece todavía extendido, hasta el instante en que la pértiga se haya enderezado por completo. En este instante es cuando se puede iniciar el tirón del brazo para continuar el movimiento de elevación del saltador hacia el listón.

2.7. Franqueo del listón

El franqueo del listón constituye el objeto final del salto. El saltador debe enlazar las acciones de tirón de los brazos, que se inician durante la fase anterior de giro, con el empuje sobre la pértiga hacia abajo que realizan ambos brazos, y que acaba con el que finalmente realiza la mano del brazo derecho correspondiente al agarre alto.

En el instante del franqueo, el saltador se encuentra de cara al listón, y des-

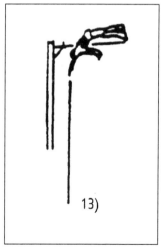

Figura 54. *Franqueo.*

pués de realizar el último empuje con la mano derecha inicia un movimiento de extensión, primero del tronco y después del brazo derecho, con objeto de salvar la posición del listón.

2.8. Caída

La caída se produce sobre una zona protegida por una colchoneta como ya se ha indicado anteriormente en el apartado inicial del tema.

3. LA PÉRTIGA Y LA ELECCIÓN ADECUADA

El material con el que se construyen las pértigas ha evolucionado mucho a lo largo de la historia. Inicialmente las pértigas eran de madera. Posteriormente se pasó a utilizar pértigas de bambú, menos pesadas y más flexibles que las anteriores. Más tarde se usaron pértigas de aluminio, aunque la mayor revolución de la especialidad se produjo a partir de la aparición de las pértigas de fibra de vidrio. Este material permitió la utilización de pértigas de menor peso y de una mayor flexibilidad, lo cual trajo como consecuencia una nueva técnica de saltar.

En todo caso, las pértigas de fibra de vidrio no tienen todas la misma dureza ni la misma longitud. Los fabricantes han diseñado una amplia gama de modelos con objeto de que el saltador pueda escoger aquella cuyas características se ajusten más a su peso corporal y a su nivel técnico.

Las pértigas se clasifican en función de su longitud (m), su dureza (kg y en libras) y el grado de flexión dentro de cada nivel de dureza indicado en cm y mm (Flex. Nr = 16,6). A mayor peso, mayor dureza, y cuanto más alto es el número de flexión, más blanda es la pértiga. Pértigas de diferente longitud y con el mismo número de flexibilidad son igual de duras si se agarran a la misma altura. En la tabla siguiente se ofrece un ejemplo de los valores para diferentes niveles en cuanto a longitud, flexibilidad y dureza.

Tabla 7. Referencias de pértigas (Adaptado de *Atletismo II – Saltos.* COE).

Longitud	Kg - Libras	Flex. Nr
460	63 = 140	24,0 – 25,2
460	66 = 145	22,8 – 23,8
460	68 = 150	21,6 – 22,6
460	70 = 155	20,4 – 21,4
460	73 = 160	19,4 – 20,2
460	75 = 165	18,4 – 19,2
480	68 = 150	25,4 – 26,8
480	70 = 155	24,0 – 25,2
480	73 = 160	22,8 – 23,8
480	75 = 165	21,8 – 22,6
480	77 = 170	20,4 – 21,6
480	80 = 175	19,4 – 20,2
480	82 = 180	18,4 – 19,2
480	84 = 185	17,4 – 18,2
480	86 = 190	16,4 – 17,2
500	73 = 160	21,6 – 22,6
500	75 = 165	20,2 – 21,4
500	77 = 170	19,4 – 20,0
500	80 = 175	18,4 – 19,2
500	82 = 180	17,4 – 18,2
500	84 = 185	16,4 – 17,2
500	86 = 190	15,6 – 16,2
500	88 = 195	14,6 – 15,4
500	91 = 200	13,6 – 14,4

A la hora de escoger la pértiga más apropiada para un saltador, hay que orientarse por la longitud de la pértiga y el número de flexibilidad. La mayoría de los jóvenes se inician con pértigas cortas (entre 4,20 y 4,60 m) y flexibles. A medida que los atletas van progresando técnicamente, se pasa a utilizar pértigas de menor grado de flexibilidad para evitar situaciones de riesgo por rompimiento de la pértiga provocado por un exceso de carga. Emplear una técnica mejor significa poder trasladar a la pértiga una mayor cantidad de energía producto del efecto sumativo de la velocidad horizontal alcanzada y del peso del saltador.

4. ERRORES FUNDAMENTALES

Fase de carrera:
* Falta de progresión.
* Talonamiento erróneo.
* Separación incorrecta de las manos en el transporte de la pértiga (demasiado juntas o separadas).

Fase de presentación y batida:
* Presentación de la pértiga de forma tardía (esperar a la última zancada).
* Batir en un punto de batida adelantado («metidos»), lo que provoca un doblado prematuro de la pértiga y una batida incompleta.
* Batida incompleta (brazo derecho flexionado y/o pierna de batida sin extenderse al completo).
* Flexionar en exceso el brazo del agarre bajo después de la clavada en el cajetín dejando que la pértiga contacte prácticamente con el pecho del saltador.

Fase de vuelo:
* Tirar de forma prematura del brazo correspondiente al agarre alto.
* Dirigir la acción de las piernas hacia la horizontal en lugar de la vertical después del máximo agrupamiento.
* Precipitar la acción de giro final del cuerpo para colocarse en la posición de franqueo.

5. PARTE PRÁCTICA: EJERCICIOS DE APRENDIZAJE

1. Ejercicios de control de la fase de vuelo utilizando cuerdas colgantes.

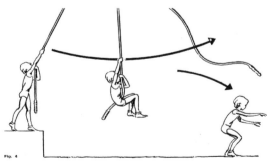

Fig. 4

2. Utilizando una altura de agarre de seguridad, realizar acciones de péndulo sucesivas a lo largo de una recta inicialmente andando y después en carrera lenta, reproduciendo la acción de presentación y batida. Es importante que el brazo de agarre alto se mantenga extendido para conseguir la sensación de estar suspendido en el aire.

3. Realizar la presentación de la pértiga desde posición de parado. Al primer paso se avanza la pértiga hacia delante; al segundo paso el brazo derecho (agarre alto) se sitúa en el hombro, y en el tercer paso se extiende el brazo derecho hasta situarlo por encima de la cabeza y la pértiga delante del cuerpo.

4. Realizar la presentación de la pértiga desde posición de parado. Al primer paso se avanza la pértiga hacia delante; al segundo paso el brazo derecho (agarre alto) se sitúa en el hombro, y en el tercer paso se reproduce el clavado adoptando la posición de batida con el doblado de la pértiga (la acción de batida deber ser dirigida hacia delante-arriba).

5. Presentación y doblado de la pértiga manteniendo la posición de batida. El ejercicio se realiza con pasos de carrera, en la zona de salto, encajando la pértiga en el cajetín.

6. Con varios pasos de carrera, clavar la pértiga en un foso de arena y reproducir un movimiento de péndulo elevando las rodillas y caída en el foso sin giro.

7. Con varios pasos de carrera, clavar la pértiga en un foso de arena y reproducir un movimiento de péndulo hacia delante con giro.

8. Desde una posición elevada, con la pértiga clavada en el foso de arena, realizar la fase de batida y vuelo efectuando un giro en el aire y cayendo con los dos pies en el foso de arena de cara a la posición de partida.

9. Desde una posición elevada, con la pértiga clavada en un cajetín, realizar las acciones de agrupamiento, elevación y giro, para caer sobre una colchoneta de seguridad.

10. Ejercicio de la «bruja». Con pocos pasos de carrera, presentar la pértiga, batir y mantener los hombros al frente dejando que las piernas se sitúen a un lado y otro de la pértiga hasta el instante que la pértiga se recupere de la flexión.

11. Con varios pasos de carrera, batir y realizar un péndulo hasta quedar en posición invertida junto a la pértiga y dejarse caer sobre la colchoneta.

12. Salto completo con carrera media y completa.

CAPÍTULO IV

LANZAMIENTOS

I. LANZAMIENTO DE PESO (TÉCNICA LINEAL O'BRIAN)

1. REGLAMENTACIÓN BÁSICA

El lanzamiento de peso se realiza desde un círculo cuyo diámetro es de 2,135 metros. El lanzador, una vez realizado el lanzamiento, debe salir del círculo por detrás de la línea marcada en el suelo que determina el diámetro del mismo. Desde el punto de vista reglamentario, es nulo todo lanzamiento en el que el lanzador salga por delante del círculo después de lanzar, pise por fuera de la delimitación del círculo en cualquier instante del lanzamiento o el peso caiga fuera de la zona o sector de caída marcado al efecto (40°).

En competiciones oficiales en las que existen más de 8 participantes, cada lanzador dispone de tres intentos. Posteriormente, los 8 atletas con mejor resultado pasan a la «mejora», en la que disponen de tres lanzamientos más. En el caso de que no existan más de 8 participantes, todos lanzarán los 6 intentos.

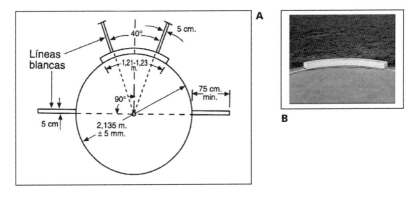

Figuras 55 A y B. Instalación para el lanzamiento de peso.

En el espacio físico donde se realiza el lanzamiento se da una característica diferencial respecto de los otros lanzamientos que precisan un círculo desde el punto de vista reglamentario (disco y martillo), esto es, la existencia de un *contenedor* en la parte frontal del círculo de lanzamiento y situado en su parte externa en el que el atleta puede apoyarse en su parte interna, aunque no en su parte externa por cuanto incurriría en una acción antirreglamentaria (lanzar por fuera de los límites demarcados por el círculo de lanzamiento).

Sujeción del peso

El peso se apoya en la palma de la mano (preferentemente hacia las falanges de los dedos) y sobre el cuello y contra el mentón. Desde el punto de vista reglamentario, para que un lanzamiento sea considerado válido es necesario que, hasta el instante del lanzamiento, el peso no pierda en ningún momento contacto con el mentón. Se considera un error en el agarre del peso que éste descanse sólo sobre la palma de la mano, debido a que desde esta posición se pierde la acción de los dedos en su proyección.

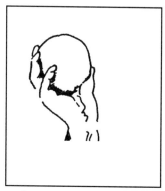

Figura 56. *Sujeción del peso.*

2. VARIANTES TÉCNICAS EN EL LANZAMIENTO DE PESO

En la especialidad del lanzamiento de peso coexisten dos variantes técnicas que a lo largo de la historia se han conformado como las de mayor eficacia mecánica. Por un lado, la *técnica lineal O'Brian*, y por otro, la *técnica giratoria*. La aparición de la variante de lanzamiento circular en 1972 ejecutada por el soviético Alexander Baryschnikov no supuso la desaparición progresiva de la técnica O'Brian creada por éste en 1953. De hecho, en la actualidad y a nivel de elite, todavía es similar el número de lanzadores de uno y otro estilo.

3. DESCRIPCIÓN TÉCNICA DEL GESTO: ESTILO O'BRIAN

La técnica de lanzamiento más utilizada en la historia de la especialidad ha sido la denominada técnica **O'Brian**. Dicha técnica se caracteriza porque el lanzador parte de espaldas a la zona de lanzamiento apoyado sobre una pierna. Después de un desplazamiento hacia atrás, el lanzador queda apoyado sobre los dos pies. Desde esta posición de *doble apoyo*, el lanzador proyecta el peso poniendo en movimiento primero las piernas, y después el tronco, brazo y mano (fig. 57).

Figura 57. *Seriación de un lanzamiento de peso (técnica O'Brian).*

Desde el punto de vista mecánico, la técnica O'Brian incorporó una serie de mejoras técnicas en la ejecución que influyen en los siguientes aspectos:

- Favorecer un desplazamiento más rápido del atleta en su trayectoria lineal.
- Ampliar el recorrido de impulsión del peso.
- Conseguir una posición más favorable para aplicar las fuerzas en la fase final en la que se acelera el peso hasta su proyección.

El lanzamiento de peso en su variante lineal consta de las siguientes fases: posición de partida, fase desplazamiento, fase preparatoria, fase final y fase de recuperación.

3.1. Posición de partida

El lanzador se debe situar de espaldas a la zona de lanzamiento apoyado sobre una pierna que, para el caso de los lanzadores diestros, será la derecha. Todo el peso del cuerpo debe recaer sobre esta pierna, de forma que el pie de la pierna izquierda sólo mantiene contacto con el suelo con la punta del pie. El artefacto está apoyado sobre el cuello y contra el mentón, y el codo del brazo portador del peso se separa del tronco para favorecer una

Figura 58. *Posición de partida.*

mejor sujeción del peso. Las líneas de las caderas y de los hombros se mantienen paralelas entre sí. El objetivo técnico de esta fase consiste en obtener una posición de equilibrio general desde la que iniciar las fases del lanzamiento propiamente dichas.

3.2. Fase de desplazamiento

La fase de desplazamiento va precedida de lo que se denomina *puesta en acción*, que no son sino movimientos preliminares al desplazamiento y cuyo objetivo está centrado en realizar unos movimientos que favorezcan las acciones mecánicas encargadas de impulsar el cuerpo del lanzador hacia atrás.

Generalmente, los movimientos preliminares previos al desplazamiento se realizan a partir de un movimiento de basculación del tronco adelante y un posterior agrupamiento sobre la pierna derecha merced a una flexión de ésta.

El movimiento de basculación del tronco adelante debe ir acompañado de la elevación de la pierna izquierda. En el movimiento de agrupación, la flexión de la pierna derecha va acompañada de la flexión de la izquierda. Es importante señalar que durante la ejecución de los movimientos preliminares las líneas de las caderas y de los hombros se mantienen paralelas entre sí.

El desplazamiento propiamente dicho se consigue gracias a la impulsión de ambas piernas hacia atrás con el objetivo de que el lanzador recorra el círculo en sentido longitudinal.

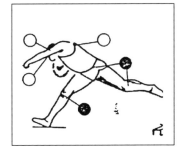

En su ejecución, el desplazamiento se inicia por la acción del pie derecho presionando contra el suelo y la posterior extensión de la rodilla de la misma pierna. Estas acciones deben ir acompañadas de la extensión de la rodilla de la pierna izquierda en la dirección del lanzamiento, tal y como se representa en la figura 59.

Figura 59. *Desplazamiento.*

Aprovechando el impulso generado por las acciones anteriormente descritas, el lanzador recorre el círculo en dirección al lanzamiento. Durante este período de tiempo, la línea de las caderas inicia un movimiento de giro provocado por la acción efectuada por la pierna izquierda. Finalmente, la fase de desplazamiento termina en el instante en que el pie derecho toma contacto con el suelo. En esa posición el lanzador se encuentra de la siguiente forma:

- Con el peso del cuerpo sobre la pierna derecha (rodilla flexionada).
- Con el pie izquierdo todavía en el aire.
- Con la línea de las caderas adelantadas respecto a la línea de los hombros.

Con todo, la fase de desplazamiento consiste en realizar un movimiento de traslación del cuerpo del lanzador, cuyas características principales son:

- Buscar la máxima amplitud en la acción de las piernas porque de esta manera se obtiene un mayor recorrido.
- Realizar un movimiento de traslación lo más plano posible sin elevaciones excesivas del CG del lanzador. Para ello, resulta fundamental la acción de extensión de la pierna izquierda porque, de no existir ésta, nos encontraríamos con una acción basada en la extensión exclusiva de la rodilla de la pierna izquierda, lo que provocaría un movimiento vertical no deseado.

3.3. Fase preparatoria

La fase preparatoria se produce en el período de tiempo que transcurre entre el final de la fase de desplazamiento y la consecución de la posición del *doble apoyo*, esto es, el instante en que ambos pies se encuentran en contacto con el suelo.

Esta fase es importante porque condiciona la dirección en la que se alinearán las fuerzas generadas por los grupos musculares de la cadena cinética superior (tronco y brazo lanzador), y su grado de eficacia depende de:

- Que la rodilla de la pierna derecha no se extienda prematuramente antes del apoyo del pie de la izquierda. Cuanto más alto sea el desplazamiento, mayor será el tiempo empleado en la recepción y se perjudicará la continuidad de la trayectoria del peso en fases posteriores.
- Que el pie izquierdo no tome contacto con el suelo en una posición excesivamente separada hacia el exterior del eje de lanzamiento.

Durante la fase preparatoria, la línea de las caderas seguirá girando por delante de la línea de los hombros (continúa la rotación de las caderas hacia la izquierda del lanzador).

Por otro lado, el contacto del pie derecho en el suelo se realiza en la mitad del círculo, y el pie se apoya sobre el metatarso y en posición diagonal respecto a la línea de lanzamiento, tal y como se representa en la figura 60.

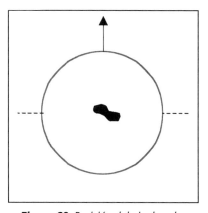

Figura 60. *Posición del pie derecho.*

3.4. Fase final

A lo largo de la fase final se realizan las acciones más decisivas en la aplicación de las fuerzas al artefacto para ser proyectado a la mayor distancia posible. La fase final se inicia en el instante en que se consigue el *doble apoyo* y termina cuando se proyecta el peso al aire.

A) Primera posición fundamental: instante del doble apoyo

El primer instante técnico decisivo se produce cuando el pie izquierdo del lanzador toma contacto con el suelo. En esta posición hay que considerar los siguientes aspectos técnicos:

- La proyección vertical del peso al suelo debe caer por detrás del apoyo del pie derecho o, en su defecto, encima de él (fig. 61).
- Las rodillas de ambas piernas se encuentra en flexión.
- La línea de los hombros se mantiene todavía más retrasada que la línea de las caderas en sus movimientos de rotación respectivos hacia la izquierda del lanzador.

Figura 61. *Doble apoyo.*

- Si el pie derecho se encuentra en el medio del círculo sobre la línea que marca el eje del lanzamiento, el pie izquierdo debe apoyarse ligeramente a la izquierda de dicho eje de lanzamiento y, a ser posible, en contacto con el contenedor.

B) Segunda posición fundamental: instante del abandono del artefacto

La segunda posición fundamental de la fase final se produce cuando el lanzador se halla en máxima extensión. Tanto la pierna izquierda como la derecha se encuentran en máxima extensión, así como el brazo lanzador. En esta posición habría que considerar los siguientes aspectos técnicos:

- La proyección vertical del peso al suelo en el instante del abandono debe caer sobre el contenedor y, como consecuencia, ligeramente por delante del pie izquierdo.
- En el instante del abandono, los dos pies se encuentran en contacto con el suelo, a no ser que se utilice una variante de lan-

zamiento denominada «lanzamiento en suspensión» en cuyo caso los dos pies se encuentran en el aire debido a la acción más acusada de extensión de las piernas en instantes previos.

Figura 62.
Instante del abandono.

- Los hombros se hallan inclinados, con el hombro derecho más alto que el izquierdo.
- La parte izquierda del lanzador ejerce una acción de freno con el objeto de que la parte derecha (ejecutora) tenga apoyo necesario para realizar la proyección del artefacto. Dicha acción de freno se realiza, fundamentalmente, por la acción de extensión de la pierna izquierda y tratando de frenar el movimiento de rotación de la línea de las caderas hacia la izquierda. El hombro izquierdo también colabora en esa acción de freno evitando, a su vez, el movimiento de rotación de la línea de los hombros hacia el lado izquierdo.
- El objetivo consiste en proyectar el peso desde la mayor altura posible y con el ángulo de lanzamiento adecuado, el cual debe estar comprendido entre 39° y 42°.

C) Las acciones de tránsito entre las dos posiciones fundamentales

La acciones que se realizan entre las dos posiciones técnicas fundamentales descritas anteriormente son las siguientes:

- El pie derecho realiza un giro en el suelo (pivote) hacia la izquierda para provocar la rotación de las caderas en el mismo sentido.
- La rodilla de la pierna izquierda va extendiéndose progresivamente hasta alcanzar la máxima extensión en el instante del abandono.

- La línea de los hombros sigue su movimiento de rotación hacia la izquierda hasta colocarse paralela a la línea de las caderas (instantes previos al abandono).
- Con el objeto de no romper el movimiento rectilíneo del peso en su trayectoria de impulsión, es necesario que la línea de hombros *deje paso* al peso, para lo cual es necesario que realice un movimiento de inclinación a la izquierda. De esta forma, se consigue también una posición de pretensión de la musculatura pectoral necesaria para aplicar las fuerzas en la fase de lanzamiento por parte del brazo ejecutor.

Figura 63. *El tránsito del instante de doble apoyo al instante del abandono del peso.*

3.5. Fase de recuperación

Una vez proyectado el artefacto, el atleta realiza una serie de acciones que no influyen en la distancia del lanzamiento y cuyo objetivo está centrado en recuperar el equilibrio sobre el círculo de lanzamiento. Dichas acciones se realizan para evitar incurrir en acciones antirreglamentarias, como sería el caso de salirse de la delimitación del círculo.

Figura 64. *Fase de recuperación.*

La acción que se realiza se denomina *cambio de pies* y consiste en llevar el pie derecho a ocupar el lugar que ocupaba el izquierdo en el instante del abandono junto al contenedor, mientras que el brazo y la pierna izquierdos se mueven hacia atrás y se flexionan el tronco y las piernas.

Después de realizar estas acciones técnicas, el lanzador puede permanecer en equilibrio dentro del círculo y salir por la mitad posterior del mismo, para que el lanzamiento sea válido a efectos reglamentarios.

4. ERRORES FUNDAMENTALES

- Movimientos de las piernas en el desplazamiento de poca amplitud.
- Rotar los hombros hacia la zona de lanzamiento durante el desplazamiento.
- Tomar contacto con el pie derecho sobre el talón después del desplazamiento.
- Extender de forma prematura la rodilla derecha en la acción final de lanzamiento.
- Lanzar sobre un apoyo en el suelo.
- Inclinar excesivamente el tronco adelante durante la proyección del peso.
- Falta de extensión del codo del brazo lanzador en la proyección del peso.

5. PARTE PRÁCTICA: EJERCICIOS DE APRENDIZAJE

1. Lanzar el peso de atrás adelante desde posición de pie y de frente a la zona de caída. Centrar la acción en intentar que el peso del cuerpo se traslade de la pierna retrasada hacia la adelantada (derecha e izquierda, respectivamente, para un lanzador diestro). Lanzar el peso adelante-arriba con la ayuda de la fuerza del brazo y del desplazamiento del peso del cuerpo adelante.

2. Mismo ejercicio que el anterior pero partiendo con el tronco rotado hacia la derecha para añadir el impulso de éste. En el instante de la proyección, procurar estar apoyado sobre la pierna izquierda.

3. Lanzamiento de un balón medicinal contra una pared y recogiéndolo con dos manos para lanzarlo de nuevo hasta realizar entre 8 y 12 repeticiones para un ciclo completo. Se parte de una posición en que las piernas están flexionadas y el tronco rotado e inclinado atrás. Se trata de realizar un movimiento continuo.

4. Situarse con ambos pies encima del contenedor del círculo, con las piernas flexionadas y el tronco rotado. Desde esta posición, realizar una extensión de las piernas para acabar proyectando el peso adelante-arriba.

5. Lanzamiento de parado desde la posición del *doble apoyo*. Centrar la atención en el encadenamiento de acciones. El movimiento se inicia en las piernas y acaba en la acción del brazo lanzador.

6. Desde la posición de partida, de espaldas a la zona de lanzamiento y apoyado sobre un pie, efectuar la acción de agrupamiento tratando de mantener el equilibrio en todo momento. Realizar el ejercicio lentamente haciendo varias repeticiones.

7. Situados dentro del círculo, de espaldas al lanzamiento y apoyados sobre los dos pies en el suelo. El desplazamiento se realiza andando (sin salto) apoyando primero el pie derecho y finalmente el izquierdo. Lanzar al final. Habría que evitar la apertura de los hombros durante la primera fase del desplazamiento. Para ello se debería tratar de mantener la visión en una referencia situada frente a la posición de partida.

8. Desde la posición de partida dentro del círculo y apoyados sobre un pie, realizar el desplazamiento hasta adoptar la posición de doble apoyo. Prestar especial atención a la acción para conseguir un impulso amplio de las piernas en la fase inicial del desplazamiento. En la posición de doble apoyo, el peso debe estar bien situado, esto es, que su proyección vertical caiga por detrás del apoyo del pie derecho.

9. Desde la posición inicial de salida, realizar acciones de desplazamiento sobre la pierna derecha manteniendo en el aire y atrás la izquierda. Realizar el ejercicio a lo largo de una recta de 20 metros.

10. Lanzamiento completo desde el círculo prestando especial atención al apoyo de los pies en el suelo y al ritmo de lanzamiento.

II. LANZAMIENTO DE DISCO

1. REGLAMENTACIÓN BÁSICA

El lanzamiento de disco, junto al de jabalina, es una de las especialidades atléticas más antiguas y con mayor tradición olímpica. Pertenece al grupo de disciplinas de lanzamientos que utilizan el giro como forma de ejecución. Por tanto, nos encontramos con un lanzamiento en el que el sistema lanzador-disco mantiene una acción de rotación continua hasta el instante de la proyección del artefacto.

Al igual que en el lanzamiento de martillo, en esta disciplina es necesario disponer de una instalación que evite las escapadas del disco fuera del área de lanzamiento por la peligrosidad que conlleva. Para ello, la zona de lanzamiento debe estar rodeada por una jaula de protección cuyas características vienen descritas en el libro oficial de reglamentación de la Real Federación Española de Atletismo (Art. 183) y que se expondrán en el tema dedicado al lanzamiento de martillo. Para el caso del círculo de disco, existen dos alternativas, bien sea instalando un círculo con *aros* concéntricos de 2,135/2,50 m, o utilizando una versión ampliada de dicha jaula, con un segundo círculo de disco situado detrás del círculo de martillo; esta última es la solución más utilizada en la actualidad.

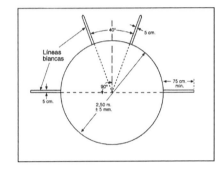

Figuras 65 A y B. *Instalación para el lanzamiento de disco.*

El círculo de lanzamiento es mayor que el que se utiliza en las pruebas de peso y martillo. En este caso, el diámetro interior del círculo deberá medir 2,50 m, permitiéndose una tolerancia en la construcción de más o menos 5 mm. El aro que forma la circunferencia del círculo deberá tener por lo menos 6 mm de grosor (anchura) y estará pintado de blanco (Reglamentación Internacional de Atletismo) (fig. 65).

El artefacto del disco está compuesto por un cuerpo de madera u otro material apropiado, con una llanta o anillo de metal, el borde del cual deberá ser circular. La sección transversal del borde será redonda formando un verdadero círculo con un radio aproximado de 6 mm. Puede tener placas circulares metálicas incrustadas en el centro de sus caras, aunque también puede estar construido sin dichas placas metálicas para que el área equivalente sea plana y las medidas y peso total del disco correspondan a las especificaciones (fig. 66).

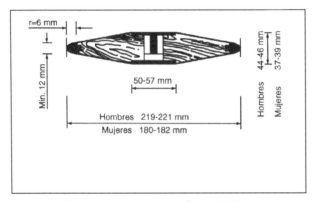

Figura 66. *Características físicas del disco.*

La zona de caída estará delimitada por líneas blancas de 5 cm de ancho que formarán un ángulo de 40°, de manera que,si se prolongan, pasarán a través del centro del círculo.

Un lanzamiento será considerado antirreglamentario y nulo si el lanzador, después de haber penetrado en el interior del círculo e iniciado el lanzamiento, toca con cualquier parte de su cuerpo la parte superior del aro, o el suelo del exterior. Así mismo, se considera lanzamiento nulo cuando el disco cae fuera del área delimitada por el sector de caída. Para que un intento sea válido, el disco debe caer completamente dentro de los bordes internos del sector de caída. El lanzador no puede salir del círculo hasta que el disco haya tocado el suelo. Cuando salga del círculo, el primer contacto con la parte superior del aro de hierro, o con el terreno exterior del círculo, tiene que hacerse completamente detrás de la línea blanca que está trazada fuera del mismo y pasa teóricamente por el centro del círculo.

2. DESCRIPCIÓN TÉCNICA DEL GESTO

El lanzamiento de disco, en virtud de las características del artefacto, es un lanzamiento en el que hay que considerar aspectos de carácter aerodinámico que influyen en la distancia conseguida. El objetivo principal consiste en lanzar el artefacto descrito anteriormente lo más lejos posible respetando el reglamento oficial.

La distancia de lanzamiento depende de la velocidad, la altura y el ángulo con el que el lanzador proyecta el disco, así como de los factores aerodinámicos que influyen en el vuelo.

La velocidad y el ángulo de lanzamiento dependen de la magnitud y dirección de las fuerzas aplicadas sobre el disco, así como del tiempo y el recorrido en que son aplicadas. La altura de lanzamiento depende de la posición del cuerpo en el instante de proyección, así como de las características morfológicas del atleta.

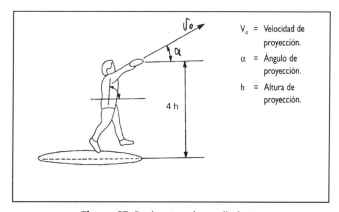

Figura 67. *Parámetros de rendimiento.*

Los factores aerodinámicos afectan la fase de vuelo. La capacidad aerodinámica del disco viene determinada por su forma, la resistencia que ofrece en el medio aéreo, la fuerza de sustentación en el aire, la estabilidad y la velocidad inicial. Entre los factores decisivos, cabe destacar el ángulo de ataque, al igual que en el lanzamiento de jabalina.

Figura 68. *Seriación de un lanzamiento de disco (Woldfgang Schmidt).*

Para describir las acciones que componen el modelo técnico de referencia, dividiremos el lanzamiento en las siguientes fases:

1. **Movimientos preliminares y salida.**
2. **Entrada en giro.**
3. **Fase de vuelo.**
4. **Fase preparatoria** (desde el instante del contacto del pie derecho con el suelo hasta el instante del contacto del izquierdo).
5. **Fase final** (desde el instante del contacto del pie izquierdo hasta el instante del abandono).

2.1. Movimientos preliminares y salida

El lanzador se sitúa de espaldas a la dirección del lanzamiento, con los pies separados aproximadamente el ancho de los hombros del atleta. Inicialmente, se realizan uno o dos balanceos preliminares rotando el cuerpo y el disco de izquierda a derecha, sin desplazar los pies en el suelo con objeto de aumentar la inercia del sistema dando una velocidad inicial a su cuerpo y al disco, así como imprimir a éste una trayectoria y dirección que permitan situarlo en el plano más adecuado para iniciar el lanzamiento.

Las piernas se mantienen flexionadas y el disco llega a su posición más retrasada, que denominaremos *punto cero* de la trayectoria de lanzamiento para adoptar la posición de salida correcta.

La posición de salida, que se representa en la figura 69, se caracteriza porque el brazo portador se mantiene en un plano elevado y representa una continuidad de la línea que une los hombros. El atleta se apoya sobre su pierna derecha activando la musculatura del muslo y la cadera derecha, mientras que la pierna izquierda se encuentra rotada y con el talón del pie levantado para facilitar la posición de giro deseada. En este punto cero, se consigue la máxima torsión posible entre las líneas de las caderas y de los hombros.

Figura 69. *Posición de salida.*

2.2. Entrada en giro

A partir de la posición de *punto cero* descrita anteriormente, el lanzador entra en el giro inicial con objeto de adoptar una posición que le permita situarse correctamente para avanzar en el círculo. Comienza con la apertura del brazo izquierdo procurando que el hombro izquierdo no participe en la acción. Esta acción de apertura se acompaña de la apertura de la rodilla de la pierna izquierda. La idea es sentir que *se abre una puerta* a la izquierda del lanzador tanto en lo que concierne a la cadena cinética inferior como a la superior. Para ello, es necesario que en todo instante las rodillas se encuentren flexionadas. El lanzador, por tanto, gira sobre su propio eje longitudinal consiguiendo un momento angular que resultará imprescindible para iniciar el giro.

Como consecuencia de esta acción de apertura, el lanzador acaba por levantar del suelo el pie derecho, con lo que el peso del cuerpo se va desplazando progresivamente hacia la parte izquierda hasta quedarse apoyado sobre el pie izquierdo y en la dirección del lanza-

Figura 70. *Inicio de la entrada en giro.*

Figura 71. *Final de la entrada en giro.*

miento tal y como se representa en la figura 71. El brazo portador del disco sigue en prolongación la línea de los hombros, formando un ángulo de 90° con el tronco del lanzador con objeto de mantener el máximo radio posible, lo que significa, a efectos prácticos, alejar el disco del cuerpo del atleta.

Una de las claves del lanzamiento consiste en realizar los movimientos de esta fase de forma controlada. La entrada en giro debe producirse como consecuencia de una acción equilibrada y amplia. Una aceleración prematura impide que el disco se sitúe en el plano correcto y que el atleta actúe con el ritmo adecuado.

2.3. Fase de vuelo

La fase de vuelo es aquella en la que el lanzador se encuentra suspendido en el aire. Comienza en el instante en que se produce la impulsión del pie izquierdo y termina en el momento en que el pie derecho toma contacto con el suelo. El objetivo de esta fase consiste en adelantar los segmentos que conforman la cadena cinética inferior con objeto de que sea ésta la que lidere la primera fase de la aceleración del disco en la fase final de lanzamiento. Por tanto, la consecuencia final deberá ser que se produzca un adelantamiento de la línea de caderas respecto de la de los hombros.

Figura 72. *Fase de vuelo. Impulso Inicial.*

Desde la posición de equilibrio sobre el pie izquierdo descrita en la fase anterior, el lanzador efectúa un movimiento de impulsión del tobillo del pie izquierdo, que se acompaña de un movimiento de rotación de la pierna derecha alrededor del eje vertical del atleta. La acción del tobillo de la pierna izquierda aporta un movimiento de avance lineal en la dirección del lanzamiento, mientras que el movimiento envolvente de la pierna derecha aporta el componente rotacional necesario.

La altura del desplazamiento debe ser mínima con objeto de reducir en lo posible el tiempo de vuelo. Durante la fase de vuelo debe mantenerse la parte superior del cuerpo inactiva dando prioridad al movimiento de las piernas con la finalidad de conseguir la máxima amplitud en la torsión entre las líneas de las caderas y los hombros.

El brazo derecho se mantiene en su posición elevada manteniendo el máximo radio posible respecto de la posición del disco. En el aire, el eje de giro debe pasar por el centro de gravedad del sistema lanzador-disco.

Las sensaciones del lanzador deben ir dirigidas a:

• Conseguir un movimiento raso de avance.
• Procurar que el disco no caiga. El disco debe seguir en esta fase un movimiento ascendente hacia el punto alto de su trayectoria.
• Sentir en los dedos los efectos de la fuerza centrífuga que actúa sobre el disco como consecuencia del movimiento de rotación.

2.4. Fase preparatoria

La fase preparatoria comienza en el instante en que el pie derecho toma contacto con el suelo y finaliza en el momento en que lo hace el pie izquierdo, con lo que se produce la posición de *doble apoyo*.

Durante esta fase el lanzador, a pesar de que el disco continúa moviéndose, no debe acelerarlo. El disco entra en una fase de desaceleración cuyo principal objetivo es conseguir una posición correcta del sistema lanzador-disco en el inicio de la fase final.

El pie derecho toma contacto con el suelo aproximadamente en el centro geométrico del círculo con el pie en posición oblicua respecto a la dirección de lanzamiento. La pierna derecha debe absorber el impacto mediante un apoyo elástico que no debe impedir continuar la acción de giro (pivote) sobre el metatarso del pie.

Figura 73. *Instante del contacto del pie derecho (inicio de la fase preparatoria).*

Resulta crucial que el lanzador siga girando hacia la dirección del lanzamiento mediante la acción de giro del pie, pierna y cadera derechos. La parte superior del cuerpo actúa de forma relajada y pasiva con objeto de mantener el grado de torsión adquirido en las fases anteriores.

El pie izquierdo debe tratar de contactar con el suelo lo antes posible. El contacto se produce primero con su parte anterior y más tarde sobre la planta, orientado cerca de la dirección del lanzamiento y próximo al límite del círculo. En el instante del *doble apoyo*, ambas piernas realizan un apoyo activo y el pie derecho queda situado casi paralelo a la dirección de lanzamiento como consecuencia del movimiento de pivote anteriormente aludido.

2.5. Fase final

La fase final comienza en el instante en que se produce el *doble apoyo* y termina en el momento en que tiene lugar la proyección del artefacto. Se trata de la fase más decisiva por cuanto a lo largo de ella se aplican las fuerzas al disco para conseguir la máxima velocidad de proyección.

La acción final está conformada por una combinación de movimientos horizontales, verticales y de rotación que influyen sobre la trayectoria del disco. En la figura 74 se representan los ángulos que

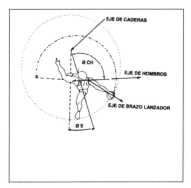

Figura 74. *Ángulos que componen la acción final.*

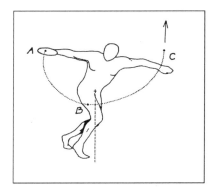

Figura 75. *Trayectoria final del disco.*

componen la acción final, en la que se aprecia la importancia de aplicar las fuerzas a lo largo de un recorrido de impulsión amplio que depende de las acciones y posiciones de los ejes de los hombros y de las caderas, así como del brazo lanzador.

La trayectoria que sigue el disco del doble apoyo al abandono no es plana, sino que mantiene una fase de descenso y otra de ascenso como consecuencia de las acciones que realizan las piernas, así como de la inclinación del tronco y de los hombros sobre el eje vertical. La figura 75 muestra tres posiciones de referencia para analizar estos movimientos (A, B y C).

Durante la fase que transcurre entre las posiciones A y B, la trayectoria del disco es descendente y durante la misma el disco se acelera como consecuencia de la acción de rotación del tronco, sin intervenir la acción directa del brazo. La trayectoria del disco es circular, y así debe ser también la que realiza la cadera y el hombro derechos mientras el peso del cuerpo descansa sobre la pierna derecha, la cual debe seguir manteniendo la acción de rotación.

Durante la fase que transcurre entre los instantes B y C, la trayectoria del disco es ascendente, y durante la misma el disco se acelera como consecuencia de la acción de rotación del tronco y principalmente por la acción activa del brazo portador y, finalmente, la mano. Durante esta fase el peso del cuerpo se va desplazando al lado izquierdo, sobre el apoyo de la pierna izquierda, la cual trata de mantener una tensión constante ejerciendo una acción de bloqueo que permita proyectar el artefacto con la parte derecha. El lanzamiento se produce en rotación sobre el eje longitudinal del cuerpo situado en la parte izquierda (pie-hombro izquierdos).

Existen dos formas de proyectar el artefacto en función de la acción de las piernas: en *apoyo* y en *suspensión*.

- El lanzamiento en apoyo consiste en mantener los dos pies en contacto con el suelo durante el instante de proyección.
- El lanzamiento en suspensión consiste en que ambos pies se encuentran en el aire en el instante de proyección.

Las ventajas de una u otra forma de ejecución dependen de las preferencias del lanzador, pero también de sus características técnicas y morfológicas. Lanzan en *apoyo* los lanzadores de estatura y peso corporal elevados, y más lentos. Por el contrario, lanzan en *suspensión* los atletas de menor estatura, de peso inferior y más rápidos. La diferencias entre uno y otro estriban en que en el lanzamiento en *apoyo* se lanza con mayor inclinación del tronco atrás, se consigue un ángulo más elevado de lanzamiento y se proyecta el artefacto desde una menor altura que en el lanzamiento en *suspensión*.

3. ERRORES FUNDAMENTALES

- En la salida, no pasar por la vertical del apoyo del pie izquierdo.
- Iniciar el desplazamiento con la acción del tronco y no de las piernas.
- Falta de giro de las caderas en la fase de desplazamiento.
- Realizar oscilaciones del disco arriba-abajo durante la fase de desplazamiento por acción incorrecta del brazo portador.
- Toma de contacto del pie derecho en el suelo sobre el talón después del desplazamiento.
- Adelantamiento de la línea de los hombros respecto a la de las caderas en la fase de doble apoyo.

- Extender prematuramente la rodilla de la pierna derecha durante la fase de doble apoyo.
- Flexionar la rodilla de la pierna izquierda durante la fase de proyección.

4. PARTE PRÁCTICA: EJERCICIOS DE APRENDIZAJE

Forma de sujetar el disco

El disco se apoya sobre la palma de la mano y las últimas falanges de los dedos excepto el pulgar, que se sitúa lateral y en contacto con la superficie del disco. La muñeca no debe estar flexionada y el brazo debe mantener una actitud relajada. Al proyectar el disco, éste sale con un efecto de giro que sigue el sentido de las agujas del reloj, siendo el dedo índice el que mantiene el último contacto con el disco antes del abandono.

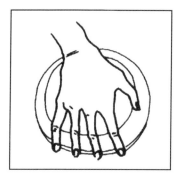

Figura 76. *Sujeción del disco.*

Ejercicios de aprendizaje

1. De pie con el pie izquierdo adelantado, realizar un péndulo de brazos y lanzar el disco hacia delante haciéndolo rodar por el suelo en el eje de lanzamiento.

2. En la misma posición de partida que en el ejercicio anterior, realizar un péndulo de brazos manteniendo una ligera flexión de las piernas, y lanzar el disco verticalmente haciéndole girar en el sentido de las agujas del reloj.

3. Con el disco sujeto en la mano y situado de costado a la dirección de lanzamiento, llevar el disco de izquierda a derecha, girando al mismo tiempo los pies y el eje de los hombros, para acabar con el peso del cuerpo sobre la pierna derecha y el disco atrás. Desde esta posición, iniciar el movimiento de destorsión del tronco por acción del pie-pierna derechos lanzando el disco al final.

4. Lanzamiento con medio giro. Situado con el pie derecho en el centro del círculo, lateral a la zona de lanzamiento, realizar una acción de pivote con giro del pie derecho en el sentido contrario a las agujas del reloj hasta adoptar la posición de doble apoyo y lanzamiento.

5. Partiendo de posición de pie, con la pierna izquierda adelantada y el disco delante de las caderas, realizar el apoyo del pie derecho adelante, con torsión del tronco hacia la derecha, y situar el disco en posición retrasada. Adelantar el pie izquierdo y después del apoyo lanzar en profundidad por acción del pie-pierna derechos.

6. De frente con el pie izquierdo adelantado. Péndulo de brazos, realizar el desplazamiento en giro adelante y lanzar.

7. Igual que el ejercicio anterior, pero partiendo desde posición lateral a la dirección de lanzamiento.

8. Posición de partida de espaldas a la dirección del lanzamiento, los pies situados a un lado y otro de una línea marcada en el suelo y sin el disco en la mano. Realizar la fase de desplazamiento hasta adoptar la posición de *doble apoyo*. Como variante se puede realizar el ejercicio con un disco sujeto con la mano.

9. Realizar el movimiento completo, primero sin disco y luego con él proyectándolo al final.

III. LANZAMIENTO DE JABALINA

1. REGLAMENTACIÓN BÁSICA

El lanzamiento de jabalina, a diferencia del resto de las especialidades de lanzamientos, no se realiza desde un círculo. El lanzador puede utilizar una carrera previa de impulso en un pasillo cuya longitud no debe exceder de 36,5 metros ni ser inferior a 30 metros. El pasillo se encuentra señalado por dos líneas paralelas de 5 cm de anchura, trazadas a 4 metros una de otra. El lanzamiento debe realizarse desde detrás de un arco de círculo trazado con un radio de 8 metros (Reglamento IAAF).

Desde el punto de vista reglamentario, la jabalina debe estar homologada por los organismos internacionales competentes. Su peso es de 800 y 600 g para las categorías absolutas de hombres y mujeres, respectivamente. Su longitud varía entre 2,6 y 2,7 metros para los hombres y entre 2,2 y 2,3 metros para las mujeres.

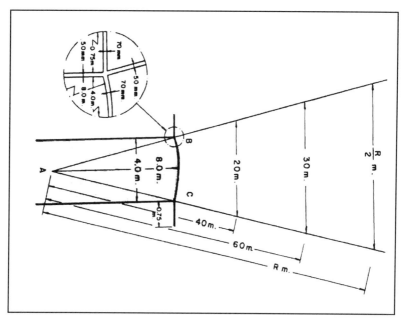

Figura 77. *Características del implemento e instalación para el lanzamiento de jabalina.*

En cuanto a la ejecución del lanzamiento, habría que destacar los siguientes aspectos reglamentarios:

* La jabalina debe sujetarse por la encordadura. Deberá lanzarse por encima del hombro o de la parte superior del brazo ejecutor y no podrá ser lanzada en un movimiento de rotación.
* En ningún instante de las fases de lanzamiento que llevan a la proyección de la jabalina, el lanzador puede girar sobre sí mismo de forma completa de modo que dé la espalda al arco de lanzamiento.
* Se considera lanzamiento nulo cuando el lanzador sobrepasa la línea final de la zona de lanzamiento, cuando la jabalina cae fuera del sector de lanzamiento (± 30°) y cuando la jabalina, al caer en el suelo, no hace contacto con la punta. (En todo caso conviene destacar que no es necesario que la jabalina se clave en el suelo para que el lanzamiento sea considerado válido a efectos reglamentarios.)
* Si la jabalina se rompe en fase de vuelo, el lanzamiento no será contabilizado como intento nulo.

2. DESCRIPCIÓN TÉCNICA DEL GESTO

2.1. Fases de lanzamiento

El lanzamiento de jabalina se divide en dos grandes fases: la fase cíclica y la acíclica. En la primera, el lanzador se pone en marcha con el objetivo de alcanzar una velocidad controlada. En la fase acíclica el lanzador realiza las acciones más decisivas para el lanzamiento:

1. La colocación de la jabalina.
2. El paso cruzado que abre el camino a la fase final.
3. La fase final de lanzamiento, que acaba con la proyección de la jabalina.

La colocación de la jabalina se realiza girando las líneas de los hombros y las caderas hasta que éstas queden alineadas en la dirección del lanzamiento. Al mismo tiempo, el brazo portador de la jabalina se extiende atrás hasta alcanzar una posición en la que la mano se coloca por encima de la altura del hombro del mismo lado con la palma de la mano mirando hacia arriba. La jabalina se agarra por el cordaje, en el que está situado el centro de masas, y se sitúa en un ángulo bajo (32°-36°).

Después del paso cruzado, el lanzador se apoya en el suelo con los dos pies (doble apoyo) y desde esta posición proyecta la jabalina haciendo entrar en acción, de forma escalonada y ordenada, las piernas, tronco, brazo, antebrazo y mano (fig. 78).

El modelo técnico que actualmente se utiliza para el lanzamiento de jabalina es producto de las sucesivas incorporaciones y mejoras realizadas a lo largo de la historia. El primer modelo de la era moderna lo aporta Eric Lemming, campeón olímpico en Londres (1908) y Estocolmo (1912).

A partir de ese momento, las aportaciones más relevantes vendrán de la Escuela Finlandesa y de la Escuela Rusa, que ofrecen un numeroso grupo de jabalinistas que fueron marcando la historia de la especialidad. A principios de los años cincuenta,los españoles Erauzquin, Celaya y Cuadra Salcedo, utilizando la técnica de lanzamiento de barra vasca, imponen el **estilo español**, que de inmediato fue prohibido por la IAAF.

2.2. Descripción de las acciones técnicas fundamentales

2.2.1. Acciones técnicas de la fase cíclica de la carrera de impulso

El objetivo más importante de la parte cíclica de la carrera de impulso consiste en conseguir la aceleración inicial del lanzador que permita el paso a fases sucesivas. Esta aceleración suele realizarse a lo largo de 8 a 12 pasos y depende del nivel físico-técnico del atleta, variando entre 8 y 8,5 m/s para un lanzamiento superior a 85 metros, y entre 6 y 6,5 m/s para un lanzamiento superior a 65 metros, para hombres y mujeres, respectivamente.

En todo caso, lanzadores que utilizan una velocidad de carrera inferior a las expuestas pueden alcanzar rendimientos similares, lo cual viene a confirmar que existen otros aspectos técnicos de mayor relevancia, que pueden equilibrar una deficiente aceleración. El criterio a seguir con relación a este punto es que cada atleta consiga una velocidad de carrera acorde con sus posibilidades físico-técnicas, de forma que sea capaz de mantener el control sobre sus movimientos a lo largo del lanzamiento y especialmente en la fase final.

Figura 78. *Seriación de un lanzamiento de jabalina.*

El lanzador comienza su carrera de impulso desde una primera marca de referencia y a partir de aquí realiza de 8 a 10 pasos de manera rítmica y progresiva, en la que la descontracción y la calidad de los apoyos e impulsos en el suelo son factores decisivos.

A lo largo de esta fase el atleta debe mantener la jabalina paralela al suelo, situándose la mano portadora ligeramente por encima de la cabeza, la palma dirigida hacia el interior y el codo del brazo portador separado del tronco. La mirada se dirige al frente y la actitud general debe ser la de una carrera en progresión sobre unos apoyos en el suelo dinámicos que proporcionen amplitud a las zancadas.

2.2.2. Acciones técnicas de la fase acíclica de la carrera de impulso

El tránsito de la fase cíclica a la acíclica se realiza a partir de una *2ª referencia de carrera* en que el atleta comienza a efectuar las acciones técnicas propias. La fase acíclica de la carrera de impulso la constituyen los últimos 5 ó 7 pasos de carrera, en función del modelo rítmico elegido. El objetivo fundamental está centrado en *colocar la jabalina y al lanzador en la posición apropiada para proyectar aquélla en las mejores condiciones posibles*. De los pasos enunciados, los primeros (de 3 ó 5 según modelo) se utilizan para colocar la jabalina en posición de lanzamiento, y los últimos dos pasos constituyen la fase de lanzamiento propiamente dicha.

En esta fase no se producen incrementos de velocidad horizontal del lanzador, y el *ritmo* con que se realizan los apoyos y los impulsos de carrera ayuda a conseguir una posición de lanzamiento final más favorable.

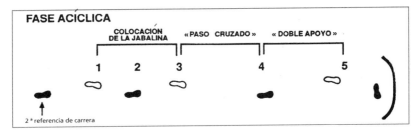

Figura 79. *Secuencia de acciones en la fase acíclica de la carrera de impulso (modelo rítmico de 5 pasos).*

Colocación de la jabalina

En los primeros 3 ó 5 pasos de esta fase, en función del modelo rítmico realizado, la jabalina se coloca en posición de lanzamiento merced a una extensión atrás del brazo lanzador, acompañada del giro de hombros y tronco hasta que éstos queden paralelos a la línea de carrera. Esta posición se describe de acuerdo con los siguientes puntos:

• La mano del lanzador debe situarse a una altura superior a la del hombro correspondiente con la palma dirigida hacia arriba.
• La jabalina se sitúa de forma que la punta quede a la altura de la cara del atleta.
• Los hombros deben quedar paralelos a la línea de lanzamiento.

- Las líneas de hombros y de caderas deberán mantenerse paralelas.
- Las piernas realizan unos impulsos de *cruce* para favorecer la posición descrita para las caderas.

***Figura 80.** Posición correcta para la colocación de la jabalina.*

Suponiendo que se utiliza un ritmo de 5 pasos, después del tercero tiene lugar el penúltimo paso, también llamado «de cruce». Este paso constituye el tránsito hacia la fase de lanzamiento y se diferencia de los anteriores en que se realiza con mayor amplitud. Dicha amplitud se consigue merced a un impulso ampliado de la pierna izquierda y a un avance activo de la rodilla de la pierna derecha hacia delante.

Mientras se efectúa dicho paso de cruce, no se debe perder la alineación de las caderas y hombros al frente. En ocasiones, dicho movimiento se realiza sólo a expensas de la acción de adelantamiento de la rodilla derecha, sin participación del impulso de la izquierda. Como consecuencia, se pierde la alineación de las caderas, lo que provoca una posición al final excesivamente *abierta* hacia la izquierda en la cadena cinética inferior.

2.2.3. La acciones de la fase final de lanzamiento

El principal objetivo para esta fase consiste en utilizar la energía cinética del sistema *lanzador-jabalina* conseguida al final del penúltimo paso y suplementarla con una acción coordinada de fuerza específica para transmitírsela a la jabalina. Mientras ésta se encuentre sujeta a la mano del lanzador, el *sistema lanzador-jabalina* hay que entenderlo como una unidad.

Para una descripción más detallada de las acciones que se realizan a lo largo de la fase final de lanzamiento, dividiremos la misma en dos subfases:

- **Fase preparatoria**. Comprende desde el instante del apoyo del pie derecho en el suelo (pierna de apoyo) hasta el momento del apoyo del pie izquierdo (pierna de presión). En esta fase predominan las acciones de la cadena inferior, especialmente de la acción de la pierna derecha.
- **Fase final**. Comprende desde el instante anterior hasta el momento de la proyección de la jabalina. En esta fase predomina la acción de la pierna izquierda, así como del segmento superior, especialmente de la acción del brazo ejecutor.

A) Acciones más significativas durante la fase preparatoria

A1. Llegada del pie derecho al suelo

En este instante, la jabalina se encuentra en una posición lo más retrasada posible. La mano portadora debe seguir manteniéndose ligeramente por encima del hombro, y la punta de la jabalina, permanecer a la altura de la cara del lanzador. Los hombros se hallan girados hacia la derecha sin perder la alineación conseguida en fases anteriores. Las caderas están también giradas hacia la derecha. El pie derecho toma contacto con el suelo de planta, adelantado a la proyección vertical de la cadera derecha al suelo y en una posición ligeramente abierta hacia la derecha en relación con la línea y dirección de la carrera. En el instante del contacto con el suelo, la rodilla derecha se flexiona para permitir el avance al sistema lanzador-jabalina hacia delante.

Así, podemos establecer que los parámetros fundamentales de referencia para este instante técnico son los siguientes:

1. Grado de inclinación del tronco en relación con el eje vertical. Se aconseja que oscile entre valores de 30° y 36°.

2. Grado de flexión de la rodilla derecha. Este valor proporciona de manera directa la altura de la cadera derecha al suelo en ese instante. Este parámetro está en función de la talla del atleta, y por lo tanto los valores aconsejables estarían en dependencia de las características morfológicas y físicas del atleta.
3. Ángulo formado entre el eje vertical del tronco y la jabalina. Este valor debe ser de 90°.
4. Distancia horizontal entre la proyección vertical de la cadera derecha al suelo y el pie derecho.

A2. Acción de la pierna-cadera derechas desde la fase descrita anteriormente hasta el instante de apoyo del pie izquierdo

La acción que realizan la pierna-cadera derechas (lanzadores diestros) representa una de las acciones técnicas más relevantes en la técnica de la especialidad. El objetivo de dicha acción consiste en proporcionar la *continuidad* necesaria para el tránsito hacia la fase de aceleración final y constituye una muestra interesante para evaluar el nivel técnico del atleta.

El objetivo técnico más importante consiste en conseguir la correcta acción de **conducción** hacia delante y evitar un **impulso vertical**. La pierna derecha no debe empujar la cadera derecha hacia arriba, sino ayudarla a pasar y adelantarse al tronco para iniciar el arrastre de la cadena cinética superior **(hombro-codo-mano)**.

Figura 81. *Posiciones correspondientes a la fase preparatoria.*

En el instante en que el pie izquierdo llega al suelo, la cadera derecha debe estar más baja que en la posición inicial.

- **Sólo cuando el pie izquierdo llega al suelo y se entra en fase de doble apoyo, puede justificarse la acción de empuje de la pierna derecha sobre la cadera.**
- Mientras tanto, las acciones técnicas que deben acompañar esta acción de la pierna-cadera derechas serían las siguientes:
  - La línea de los hombros mantiene la posición de fases anteriores, esto es, alineados en dirección al lanzamiento.
  - El brazo portador se encuentra alineado con los hombros y la mano ligeramente por encima del hombro derecho. La palma de la mano está dirigida hacia arriba.
  - La jabalina debe mantenerse en la posición de fases anteriores de manera que no se modifique su ángulo de posición.

B) Acciones más significativas durante la fase final

B1. Instante de la llegada del pie izquierdo al suelo y comportamiento de la rodilla de la pierna izquierda en la fase de lanzamiento

La llegada al suelo del pie izquierdo provoca una reacción en todas las partes del sistema lanzador-jabalina. Es el instante cumbre del lanzamiento porque a partir de entonces se inician los mecanismos de transferencia de energía hacia la cadena cinética superior.

La pierna izquierda, a lo largo de esta última fase, realiza una acción de **fijación** que permite la entrada en acción en cadena de los segmentos corporales que van a activar la aceleración final de la jabalina. Para cumplir con esa función fijadora, la rodilla de dicha pierna debe mantenerse en un rango de flexión de entre 160° y 180° a lo largo de toda la fase de lanzamiento, es decir, desde el instante de llegada del pie izquierdo al suelo hasta el momento del abandono de la jabalina.

La pierna derecha, a lo largo de esta fase, realiza una acción de asistencia rotando el talón del pie hacia la derecha que ayuda al avance de la cadera derecha. Una imagen mental interesante para comprender la acción de avance *en rotación* de dicha cadera sería la de **conducir la cadera derecha adelante como si se quisiera chocar contra la pared** (el efecto de *pared* lo pro-

Figuras 82 A y B. Instante de la llegada del pie izquierdo al suelo y posición de «Arco tenso».

duce la acción de fijación de la pierna izquierda, anteriormente descrito).

Es importante que la acción de rotación y adelantamiento de la cadera derecha se produzca *antes* de que entre en acción el tronco, hombro y brazo lanzador para facilitar el paso por la posición de **arco tenso** (fig. 82). Así, las acciones de referencia en esta fase son las siguientes:

* Rotación del miembro inferior respecto a la cadera izquierda (rotación interna).
* Transmisión de energía al tronco, que realiza una rotación izquierda respecto a su eje vertical. Se produce una pérdida de energía del miembro inferior y aumento de energía del tronco.
* Transmisión de energía al brazo. Se produce desaceleración del tronco, quedando las líneas de las caderas y los hombros paralelas a la dirección del lanzamiento. La pérdida de energía del tronco ocasiona una ganancia de energía al brazo. Para que el tronco pueda perder energía es necesaria la acción de frenado de la pierna izquierda.

B2. Grado de inclinación del tronco

El grado de inclinación del tronco respecto al eje vertical en los instantes de llegada del pie derecho al suelo y en el de doble apoyo constituye otro de los factores clave para conseguir un buen lanzamiento, ya que permite:

- Que el lanzador disponga del tiempo necesario para realizar todos los movimientos y fases de lanzamiento.
- Aumentar la distancia en la que se aplicarán las fuerzas sobre la jabalina.
- Facilitar que se consiga la posición de «arco tenso» en fase de doble apoyo.
- Proyectar la jabalina en un ángulo bajo y creación de fuerzas de mayor intensidad.

B3. Coordinación temporal en el cambio de velocidad de los segmentos: cadera, hombro, codo y mano

En toda la fase de lanzamiento (desde la llegada del pie derecho al suelo hasta el instante del despegue), el aspecto técnico de más relevancia con relación al impulso de transmisión es el ritmo en la coordinación temporal para el cambio de velocidad de los segmentos del tronco y del brazo lanzador implicados en la aceleración de la jabalina.

El ritmo preciso de transferencia del momento angular de las piernas a la mano es crucial para conseguir altas velocidades de lanzamiento. Dicho *ritmo* se consigue por medio de aceleraciones y desaceleraciones de los segmentos realizados de manera precisa en el tiempo.

Durante la fase de lanzamiento, la secuencia de movimientos para un lanzador diestro sería la siguiente:

1. Rotación del miembro inferior respecto a la cadera izquierda (rotación interna).
2. Transmisión de la energía al tronco, que realiza una rotación izquierda respecto a su eje longitudinal. Se produce una pérdida de energía del miembro inferior –frenado del segmento por actuación de los músculos antagonistas– y un aumento de la energía del tronco.
3. Transmisión de energía al brazo. Se produce desaceleración del tronco de forma que las líneas de las caderas y los hombros quedan perpendiculares a la dirección del movimiento. La pérdida de energía del tronco ocasiona una ganancia de energía del brazo. Para que el tronco pueda perder su energía, es necesario que el miembro inferior izquierdo haga de freno al movimiento.

4. Intercambio de energía entre brazo y antebrazo. El antebrazo realizará un rápido movimiento de extensión del codo.
5. Por último, la energía del antebrazo debe ser transmitida a la jabalina. De nuevo se producirá una acción de frenado del antebrazo y la consiguiente ganancia de energía de la jabalina, que dará lugar a la máxima velocidad de lanzamiento.

3. ERRORES FUNDAMENTALES

- Falta de extensión del brazo portador en la fase acíclica de carrera.
- Colocación errónea de la jabalina: mano baja, codo flexionado, falta de giro de la línea de los hombros.
- Paso de cruce corto.
- Adelantamiento del tronco en el instante del apoyo del pie derecho en el suelo después del paso de cruce.
- Extensión prematura de la rodilla de la pierna derecha en la fase que transcurre entre el doble apoyo y el abandono.
- Flexión exagerada de la rodilla de la pierna izquierda durante la proyección de la jabalina.
- Lanzar la jabalina sólo sobre un apoyo en el suelo.
- Lanzar con el codo excesivamente bajo (el codo debe pasar siempre por encima del hombro del brazo lanzador).

4. PARTE PRÁCTICA: EJERCICIOS DE APRENDIZAJE

Sujeción de la jabalina

La sujeción de la jabalina debe realizarse como acto previo a cualquier otro. Ello requiere que las primeras sesiones se dediquen al aprendizaje de cómo coger y cómo transportar la jabalina con corrección y naturalidad. En las figuras 83 A, B y C se representan las tres formas en que se puede sujetar la jabalina. En la posición A, la empuñadura se sujeta con los dedos pulgar e índice. En la posición B, la sujeción se realiza con los dedos pulgar y medio, mientras que el índice se sitúa lateral a la jabalina. En la posición C, la sujeción se efectúa con la jabalina ubicada entre los dedos índice y medio. Las formas A y B son las más convencionales, mientras que la variante C es menos utilizada por cuanto imprime un menor efecto de rotación sobre la jabalina en el instante de proyección.

Figuras 83 A, B y C. *Formas de sujeción de la jabalina.*

Ejercicios de aprendizaje

1. A lo largo de la pista (30-40 m), realizar la acción de transporte de la jabalina en fase cíclica. Prestar atención especial a la posición de la jabalina y a los apoyos del pie en el suelo (activos).

2. En fase de carrera, realizar la acción de colocación de la jabalina de forma sucesiva y continua.

3. Con la jabalina ya colocada en su posición, realizar impulsos de cruce a lo largo de la pista. Tratar de que las acciones de las piernas no afecten la posición de la jabalina.

4. Con unos pasos previos, realizar el paso de cruce por encima de un obstáculo vertical a baja altura, hasta aterrizar sobre el pie derecho, con la rodilla de la misma pierna flexionada, para adoptar finalmente la posición de doble apoyo sin proyectar la jabalina.

5. Con la jabalina colocada, mano alta y la punta más baja que la cola, lanzar a una diana situada en el suelo a una distancia de entre 5 y 8 metros. Tratar de que la jabalina se clave en el suelo con el mismo ángulo en que fue colocada. El lanzador debe mantener en todo momento la posición de doble apoyo.

6. Lanzamientos de puntería sobre referencias verticales utilizando bolas o pelotas de entre 250 y 400 g.

7. Lanzamiento de parado. Centrar la atención en la acción de las caderas y los hombros, así como en la presión de la pierna izquierda sobre el suelo.

8. Lanzamiento desde el suelo con una rodilla flexionada. Centrar la atención en las acciones del segmento superior, brazo, antebrazo y mano.

9. Lanzamiento con dos manos, desde posición de parado. Arquear el tronco hacia atrás y lanzar con las dos manos hacia delante.

10. Partir de una posición lateral a la zona de lanzamiento con la jabalina colocada. Realizar un paso de cruce y lanzar tratando de mantener al final el contacto de los dos pies en el suelo.

11. Lanzar después de 6-8 pasos de cruce con la jabalina colocada desde el principio.

IV. LANZAMIENTO DE MARTILLO

1. REGLAMENTACIÓN BÁSICA

El lanzamiento de martillo pertenece al grupo de disciplinas de lanzamientos que utilizan el giro como forma de ejecución. Por tanto, nos encontramos con un lanzamiento que se realiza en rotación en el que la relación lanzador-martillo se mantiene hasta el instante del abandono.

Para el lanzamiento de martillo es necesario disponer de una instalación que evite las escapadas del martillo fuera del área de lanzamiento por la peligrosidad que conlleva esta especialidad atlética. Para ello, la zona de lanzamiento debe estar rodeada por una jaula de protección cuyas características vienen descritas en el libro oficial de reglamentación de la Real Federación Española de Atletismo.

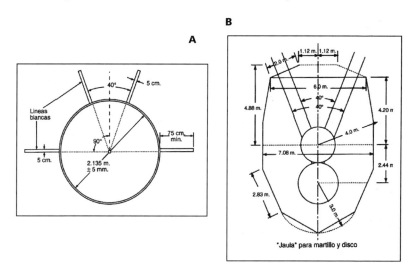

Figuras 84 A y B. *Instalación para el lanzamiento de martillo.*

El círculo de lanzamiento tiene las mismas dimensiones que el utilizado en el lanzamiento de peso: 2,135 metros de diámetro.

El artefacto del martillo está compuesto por una cabeza metálica con un peso reglamentario en función de la categoría del atleta

(7,257 kg para los hombres y 4 kg para las mujeres, ambos de categoría senior), la cual se encuentra sujeta a un asa (o empuñadura) a través de un cable cuyo diámetro es de 3 mm. La longitud total del martillo (medida desde el interior de la empuñadura) deberá estar comprendida entre 1,175 y 1,215 m.

2. DESCRIPCIÓN TÉCNICA DEL GESTO

El lanzamiento de martillo es una especialidad atlética cuyos inicios hay que situarlos en los Highland Games de Escocia e Irlanda. El denominado martillo de herrero (martillo con mango de madera y maza esférica) se disputaba desde el año 1400. En todo caso, las primeras competiciones que se realizaron con un martillo similar al actual tuvieron lugar a partir de 1860. Por otro lado, su incorporación a los Juegos Olímpicos tuvo lugar en la III Olimpiada de St. Louis en 1904.

Dejando de lado el lanzamiento del martillo de herrero, que se lanzaba a pie firme, a partir de una raya, volteándolo una o dos veces por encima de la cabeza, en el último cuarto de siglo los atletas lanzaban dando una o dos vueltas, antes de hacerlo sobre las puntas de los pies, dando lugar al estilo irlandés.

Más adelante, en el año 1928, apareció una nueva técnica denominada de tacón-punta, llamada así porque el atleta realizaba los giros sobre los pies pasando de un apoyo del talón en la primera parte del giro a un apoyo de la parte anterior del pie en la segunda parte. Actualmente, los atletas realizan de tres a cuatro giros en la fase de desplazamiento.

La técnica de lanzamiento, esto es, el modelo técnico ideal, se describe a partir de los siguientes aspectos:

* La forma en que se sujeta el martillo con las manos.
* La acción de lanzar. Técnica de lanzamiento.
* La posición de partida.
* Los volteos.
* El desplazamiento.
* Fase unipodal (un pie en contacto con el suelo).
* Fase bipodal (dos pies en contacto con el suelo).
* Final (aceleración final del martillo y abandono).

2.1. Forma de sujetar el martillo

El asa del martillo se coloca en el centro de las segundas falanges y sobre la última del dedo meñique de la mano izquierda, para el caso de los lanzadores diestros. A continuación se cierran los dedos entre sí, y la mano derecha monta sobre la mano izquierda de forma que los dedos pulgares de ambas manos se unan, o en su caso, el de la mano derecha monte por encima del de la mano izquierda (figs. 85 A, B y C).

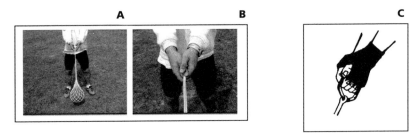

Figuras 85 A, B y C. *Forma de sujetar el martillo con las manos.*

Las dos técnicas de lanzamiento que mayor impacto han tenido a lo largo de la historia han sido las denominadas **técnica de embudo**, representativa de la forma más antigua, y **técnica de contramovimiento**, representativa de la técnica actual de lanzamiento. La figura 86 presenta gráficamente las diferencias existentes entre ambas.

En la *técnica de embudo* el atleta compensaba la fuerza centrífuga que el martillo creaba a lo largo de los giros inclinando el tronco hacia atrás. Por el contrario, en la *técnica de contramovimiento* el atleta lo hace manteniendo una mayor flexión de las rodillas a lo largo de todos los giros. Como consecuencia, en la técnica de contramovimiento existe una mayor participación de las acciones de las piernas, lo cual favorece la transmisión de fuerzas verticales, que acaban generando en el martillo una mayor velocidad angular.

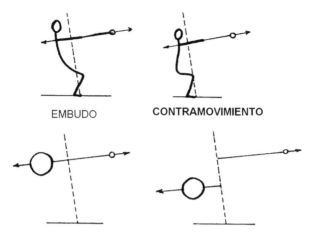

EMBUDO   CONTRAMOVIMIENTO

Figura 86. *Técnicas de embudo y contramovimiento.*

2.2. Posición de partida

El lanzamiento de martillo se realiza desde el interior del círculo de lanzamiento, cuyas dimensiones reglamentarias establecen un diámetro de 2,135 metros. El lanzador se sitúa en el interior del círculo, de espaldas a la zona de lanzamiento y con los dos pies en contacto con el suelo al borde del círculo.

Las rodillas se encuentran ligeramente flexionadas y el martillo se sitúa a la derecha del lanzador, en una posición retrasada (fig. 87 B).

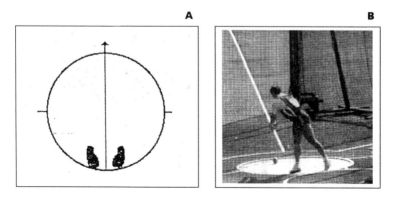

A   B

Figuras 87 A y B. *Posición de partida.*

2.3. Los volteos

El lanzamiento se inicia con unos movimientos en los que el lanzador pone en marcha el martillo con objeto de imprimirle una velocidad inicial y situarlo en el plano más adecuado para comenzar la fase de desplazamiento. Estas primeras acciones constituyen los volteos.

Desde la posición de partida anteriormente descrita, el lanzador pone en movimiento el martillo haciéndolo girar alrededor de sí mismo con un movimiento combinado de brazos, piernas y tronco. Actualmente se realizan un máximo de tres volteos antes de iniciar la fase de desplazamiento.

En los volteos se imprime al martillo una trayectoria caracterizada por mantener un punto bajo y un punto alto. El punto bajo se localiza delante del lanzador, y el punto alto en el lugar opuesto al anterior de la trayectoria circular descrita por el martillo.

Los volteos se realizan de la siguiente forma: el lanzador pasa el martillo por delante de sí con los brazos extendidos actuando sobre el martillo y tratando de llevarlo adelante-arriba y hacia la izquierda. Cuando el martillo llega a esta posición, se flexionan los brazos y se gira el tronco de manera que el martillo pase por detrás tratando de que las manos pasen por encima o delante de la cara, y nunca por detrás de la cabeza. Finalmente, el martillo se recupera a la derecha del lanzador para comenzar el siguiente volteo. Durante la primera fase del volteo, el peso del lanzador se desplaza a la pierna izquierda, y durante la segunda fase, a la pierna derecha. La figura 88 muestra una secuencia completa de uno de los volteos.

Figura 88. *La acción de volteo en el lanzamiento de martillo.*

2.4. El desplazamiento

En la fase de desplazamiento, el atleta se desplaza a lo largo del círculo dando unos **giros** en los que el martillo se mueve a la vez que el atleta. Para ello se necesita mantener los brazos extendidos en todo momento. Generalmente, y siempre en función del nivel técnico del lanzador, los atletas utilizan entre 3 y 4 giros antes de proyectar el martillo.

Los giros se realizan a partir del movimiento característico que efectúan los pies, el denominado talón-punta. Cada giro consta de dos fases diferenciadas: la fase bipodal, o doble apoyo, en la cual se puede actuar activamente sobre el martillo para incrementar su velocidad, y la fase unipodal, o de apoyo único, en la que el atleta está apoyado sobre un pie en el suelo y en la que no se puede incrementar la velocidad del martillo.

El desplazamiento a lo largo del círculo se realiza de manera que la trayectoria de avance sea lo más rectilínea posible, para lo cual se requiere un movimiento equilibrado de los pies en cada uno de los giros realizados. La figura 89 muestra la trayectoria descrita por los pies en el círculo en la que se puede apreciar que la separación de los pies va reduciéndose a medida que se avanza en los giros.

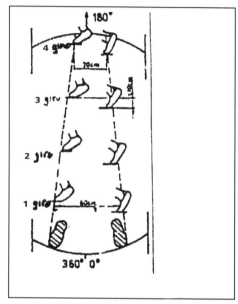

Figura 89. *Trayectoria de los pies en los giros.*

A) La fase unipodal

Las fases de apoyo único en el martillo se inician cuando el pie derecho pierde contacto con el suelo y concluyen cuando lo vuelve a recuperar. Durante la primera fase, el lanzador gira sobre el talón

del pie izquierdo, para seguir posteriormente sobre el borde externo del pie, y cuando se consigue el punto alto del martillo, sobre la
punta del pie.

En esta fase el martillo se mueve por inercia. El lanzador debe
adaptarse a esa inercia hasta que el martillo haya alcanzado el punto alto de su trayectoria. Hasta ese instante, la rodilla de la pierna izquierda no debe extenderse.

Por su parte, a lo largo de la fase unipodal la pierna derecha se
convierte en el segmento corporal más activo. Su trabajo se centra en
tratar de adelantarse al martillo una vez conseguido el punto alto con
objeto de disminuir el tiempo de la fase negativa de apoyo único.

Figura 90. *Acciones técnicas durante la fase unipodal del giro.*

B) La fase bipodal

En la fase bipodal, de doble apoyo, el atleta actúa directamente
sobre el martillo aumentando su velocidad. Con cada nuevo giro, se
incrementa la velocidad angular del martillo durante las fases de do-

ble apoyo. Este aumento de velocidad debe efectuarse de forma progresiva desde el primero al último giro y se realiza merced a las acciones de las piernas, del tronco y de los brazos, tirando del martillo hacia la izquierda y procurando que estas acciones no supongan una pérdida del radio de la trayectoria del martillo.

Figura 91. *Acciones técnicas durante la fase bipodal del giro.*

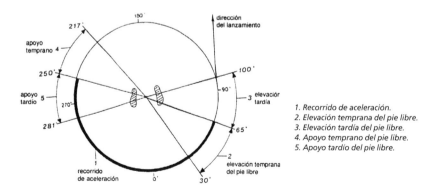

1. Recorrido de aceleración.
2. Elevación temprana del pie libre.
3. Elevación tardía del pie libre.
4. Apoyo temprano del pie libre.
5. Apoyo tardío del pie libre.

Figura 92. *Arcos de aceleración del martillo.*

En la figura 93 se representa la evolución de la velocidad del martillo a lo largo de cada una de las fases unipodal y bipodal de un lanzamiento completo. Como se aprecia, a pesar de las fases unipodales en las que el martillo pierde velocidad, ésta crece de forma constante del primero al último giro. Precisamente, conseguir que esta tendencia se mantenga constituye una de las claves más decisivas para realizar un lanzamiento correcto desde el punto de vista técnico.

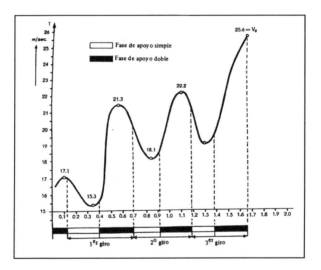

Figura 93. *Evolución de la velocidad del martillo a lo largo de las fases.*

2.5. El final

La fase final, o fase de aceleración final, comienza tras la fase de apoyo único del último giro, en el momento en que el pie derecho entre en contacto con el suelo. En ella, el lanzador realiza un movimiento diferente al de los giros.

Figura 94. *Fase final de lanzamiento.*

La diferencia consiste en que, durante los giros, el lanzador giraba hacia la izquierda con las piernas flexionadas, mientras que en la fase final, el lanzador extiende las piernas gradualmente a la vez que cambia la trayectoria del martillo para proyectarlo por encima del hombro izquierdo tratando de conseguir un movimiento amplio sin que se reduzca el radio de la trayectoria. El movimiento de extensión de las piernas, que se inicia una vez el martillo ha alcanzado el punto bajo, se ve acompañado también de un movimiento de extensión del tronco para obtener una trayectoria de vuelo más alta.

La velocidad del martillo en la fase final depende de que la pierna derecha contacte con el suelo lo antes posible para adelantarse el máximo al martillo en su trayectoria y, con ello, aumentar el recorrido durante el que se actúa directamente sobre él.

3. ERRORES FUNDAMENTALES

- En los volteos, pasar las manos por detrás de la cabeza sin girar los hombros.

- Mantener los brazos flexionados durante los giros.
- Realizar los giros sobre el apoyo de las puntas de ambos pies.
- Tendencia a flexionar las rodillas (descender) durante la fase bipodal y/o a extender las rodillas (elevarse) durante la fase unipodal.
- Entrada en fase unipodal prematura por adelantar la pérdida de contacto del pie derecho con el suelo.
- Mantener el punto bajo del martillo a la derecha del lanzador.
- Adelantamiento de la línea de los hombros a la de las caderas durante la fase unipodal.
- Acción final de proyección del martillo incompleta por falta de extensión de las piernas y de elevación de los brazos.

4. PARTE PRÁCTICA: EJERCICIOS DE APRENDIZAJE

1. Con los pies paralelos separados el ancho de los hombros y las piernas ligeramente flexionadas, realizar volteos con un balón medicinal, peso o bastón. Evitar pasar las manos por detrás de la cabeza y efectuar movimientos de inclinación lateral del tronco.

2. Realizar volteos andando. Piernas flexionadas y apoyo de los pies paralelos a la línea de avance. Evitar la rigidez en las piernas y el paso rápido y corto.

3. Con una pica sobre los hombros, realizar las acciones de avance de los pies talón-punta. Mantener la flexión de las rodillas en todo momento.

4. El mismo ejercicio que el anterior, pero utilizando un bastón con las manos simulando las posiciones que adoptaría el martillo.

5. Con martillo o material alternativo, realizar movimientos enca-denados de un volteo-un giro.

6. Situando los pies a un lado y otro de una de las líneas de la pista, realizar 2 ó 3 volteos y varios giros encadenados.

7. El mismo ejercicio anterior, pero sujetando el martillo sólo con la mano derecha.

8. Realizar dos volteos y final.

9. Realizar dos volteos, un giro y final.

10. Lanzamiento completo con dos y con tres giros.

5. MATERIAL ALTERNATIVO PARA EL APRENDIZAJE DE LA TÉCNICA BÁSICA

El martillo oficial de competición, además de entrañar cierto grado de peligrosidad, es un artefacto que dificulta bastante la fase inicial de aprendizaje. En la fase de iniciación del lanzador, los niveles de fuerza de los jóvenes son reducidos. Por ello, es aconsejable que el aprendizaje de la técnica de lanzamiento se realice utilizando artefactos complementarios que permitan un mayor control. La figura 95 muestra algunos ejemplos válidos.

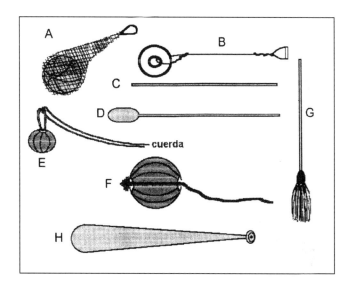

A. Balón medicinal introducido en una bolsa de red.
B. Haltera de 1,25 ó 2,5 kg unida a un cable y un asa (1 m máximo).
C. Pica (1 m).
D. Pica con terminación en maza (1,10 m).
E. Balón con asa de 1 ó 2 kg en el que se introduce una cuerda.
F. Balón medicinal taladrado en el que se introduce una soga.
G. Escoba.
H. Bate de béisbol.

Figura 95. *Material alternativo para la iniciación al lanzamiento de martillo. (Adaptado de Duran, 2000, RFEA)*

CAPÍTULO V

BIBLIOGRAFÍA

Carreras y obstáculos

Alford, H.; Hill, W. (1985). *Guide to running*. Sterling Publishing. Nueva York.

Armstrong, L.E. (1983). An Evaluation of U.S. coaching literature following film analysis of sprint biomechanics. *Track and Field Quarterly Review*, 83(2), pp.14-17.

Aubert, F. (1987). Mesures et observations biomécaniques à propos des courses de haies hautes. *Amicale des entraineurs francias d'athletisme*, n°100.

Bravo, J. (1983). *Historia de las Técnicas Atléticas*. R.F.E.A., Madrid.

Bravo, J.; Pascua, M.; Gil, F.; Ballesteros, M.; Campra, E. (1990). *Atletismo Y. Carreras y Marcha*. Comité Olímpico Español, Madrid.

Breizer, V. (1990). Lindford Christie's running technique. *Soviet Sports Review*, 25(2), pp. 75-77.

Calligaris, A. (1985). *La Corsa*. Societá Stampa Sportiva, Roma.

Cazzetta, A. (1984). Le basi della tecnica di corsa. (Fundaments of running technique.) *Atleticastudi-(*Roma); 15(6), Nov/Dec, 539-578.

Cometti, G. (1989). *Les methodes modernes de musculation*. UFR, STAPS, París.

Costill, D. (1984). *La course de fond, aproche scientifique*. Vigot, París.

Cuadernos de Atletismo n° 3 (1994). Vallas II. *Seminario Internacional de Vallas 1983*, Soria.

Cureton, T.C. (1935). Mechanics of the track racing start. *Scholastic Coach*. Jan.

Dapena, J; Mc-Donald, C. (1992). Analisi biomeccanica di passaggio dell'ostacolo. Russo, G. (1983). Biomechanical analysis of hurdle clearance. *Nuova-atletica-(*Udine); 20(114), June 101-104.

De Koning, J. J; De-Groot, G; Van-Ingen-Schenau, G. J. (1989). Mechanical aspects of the sprint start in Olympic speed skating. *International journal of sport biomechanics* (Champaign, Ill.); 5(2), May, 151-168.

Enciso, J. (1989). Técnica y entrenamiento de la prueba de 110 metros vallas. *Cuaderno de atletismo* n° 24, RFEA, Madrid.

Frederick, C. et al. (1986). Factors affecting Peak vertical graound reaction forces in running. *International Journal of Sport Biomechanics*, 2, pp.42-49.

García Verdugo, M.; Leyba, X. (1997). *Entrenamiento de la resistencia*. Gymnos, Madrid.

Gardner, J. (1986). Sprint Technique for middle distance (or compulsory cadence for disintegrating distancers). *Athletics Weekly*, Rochester, Inglaterra.

Gil, F. (1990). Soria 89. Las Vallas. *Atletismo Español*, 411, pp. 31-35.

Grosser, M. (1992). *Entrenamiento de la Velocidad*. Martínez Roca, Barcelona.

Gutiérrez, M. (1987). *Análisis cinemático de la Carrera. Finalistas del Cto. de España Absoluto de Atletismo*. Club Deportivo INEF, Granada.

Harrichaux & Medelli (1990). *VO₂ max. et performance*. De. Chiron, París.

Hegedus, J. (1981). *Teoría General y Especial del entrenamiento*, Stadium, Buenos Aires.

Henderson, J. (1996). *Better Runs, 25 Years'Worth of lessons for running faster and farther*. Human Kinetics, Champaign, Illinois.

Jarver, J. (1984). *Long distance*. Tefnews Press, Los Altos California.

Kaufmann, D. A; Piotrowski, G. (1976). Biomechanical analysis of intermediate and steeplechase hurdling technique. Komi, P.V. (ed.), *Biomechanics* V-B, Baltimore, Md., University Park Press.

Koening, E. (1987). Desarrollo de las capacidades de fuerza de las vallistas en el transcurso de la temporada. *Cuadernos de Atletismo*, nº 19, ENE, Madrid.

Kollath, E. (1985). Biomechanische aspekteb des Hurdensprints der frauen. *Leichathletik,* sept.

Lafortune, M.A. (1988). Biomechanics analysis of 110m hurdles. *Track Technique*, 105, 3355-3356.

Marar, L.; Grimshaw, P.N. (1993). A Comparative Biomechanical Analysis of sprinting and hurdling technique. En: *UK Sport: partners in sport*, Book of Abstracts, Sports Councilñ, Manchester.

Maravec, , Susanka, P. (1986). Sprint. En: Susanka, P. Brüggeman,P., Tsarauchas, E. *Biomechanical Research*. Athens 1986, I.A.A.F., Athens.

Matveiev, L. (1978). *El proceso del Entrenamiento Deportivo*. Stadium, Buenos Aires.

McFarlane, B. (1978). Carreras con vallas: tiempos parciales de pasajes. *Stadium*, nº 77, Traducido de *Track and Field Quarterly Review*, vol. 78, 4.

McLean, B. (1995). The biomechanics of hurdling: force plate analysis to assess hurdling technique. International Society of Biomechanics in Sports. En: Barabas, A.; Fabian, G. (eds.)ç. *Biomechanics in sports XII: proceedings of the 12th symposium of the International Society of Biomechanics in Sports, Budapest.*

Meckel, Y.; Atterbon, H.; Grodjinowsky, A.; Ben Sira, A.; Rotstein, A. (1995). Physiological characteristics of female 100 meters sprinters of different performances level. *Journal of sport Medicine and Physical Firness*, 35 (3), pp. 169-175.

Mero, A.; Komi, P.V.; Gregor, R.J. (1992). Biomechanics of sprint running. *A review, Sports Medicine*, 13(6), pp. 376-392.

Mero, A.; Whitanen, P. (1984). A Biomechanical analysis of top hurdling. *Modern Athlete and Coach*, Julio.

Navarro, F. (1994*). Principios del entrenamiento y estructuración de la planificación deportiva*. Máster de Alto Rendimiento Deportivo. Módulo 2.1.1, Universidad Autónoma, Madrid, COES.

Nelson, R. C. (1982). Practical method for biomechanical analysis of running technique. *Asian journal of physical education* 5(3), 1, 59-64.

Ozolin, E. (1988). The technique of the sprint start. Modern Athlete and Coach, 26(3), pp. 38-39.

Padilla, S.; Terrados, N. (1995). *Medios y métodos de recuperación del entrenamiento y la competición*. Máster de Alto Rendimiento Deportivo. Módulo 2.4.4, Universidad Autónoma de Madrid, COES.

Piasenta, J. (1988). *L'education athletique*. INSEP, París.

Pignatti, E. (1985). *Forza e velocitá*. De. Mediterranée, Roma.

Purdy, J.; Gardner, A. (1968). *Computerized Running Training*. De. Payton Jordan, Los Altos, California.

R.F.E.A. (1987). El entrenamiento de alto nivel: Carreras. *Cuadernos de Atletismo*, n° 19, Congreso de la IFTCA, Buenos Aires.

Reib, M. (1995). Entrenamiento y aumento de la capacidad de resistencia a la fuerza. *INFOCOES*, Vol.1, n° 0, 56-80.

Reynolds, W. (1995). The training camp: Exercises for improving running technique and economy. *Running Research review*, 11 (9), pp. 9-11.

Russo, G (1983). Le corse en ostacoli. (Hurdling technique.) *Atleticastudi*-(Roma); 14(6), Nov/Dec 1983, 815-847 Refs: 4.

Scholich, M. (1986). *Circuit Training*. Sport Verlag, Berlín.

Susanka, P. (1983). Track events. En: *Series of the Biomechanical Analysis. Champions Style III*, Helsinki '83, Praha.

Verjoshanski, J. (1987). La progamazione del proceso di allenamento. *Societá Stampa sportiva*, Roma.

Vittori, C. (1986). El acondicionamiento muscular de los velocistas. *Cuadernos de Atletismo*, n° 18, ENE, Madrid.

Wiskos, G.; Susanka, P. (1986). Hurdles. En: Susanka, P.; Brügge-man, P.; Tsarauchas, E. *Biomechanical Research, Athens 1986*, IAAF, Athens.

Zanon, S. (1966). *La corsa prolungata*. FIDAL, Roma.

SALTOS

A.E.F.A. (1981). *Special Sauts*, Association Entraineurs Françaises d'athletisme. París.

Anderson, F.C.; Pandy, M.G. (1993). Storage and utilization of elastic train energy during jumping. *Journal of Biomechanics*, 26, 1413-1427.

Angulo-Kinzler, R.M.; Kinzler, S.B.; Balius, X.; Turro, C.; Caubet, J.M.; Escoda, J.; Prat, J.A. (1994). Biomechanical analysis of the pole vault event. *Journal of Applied Biomechanics*, 10 (2), pp. 147-165.

Armbrust, W. (1993). Energy conservation in pole vaulting. *Track Technique*, (125), pp. 3991-4005.

Attig, R. (1990). Pole vault technique & training sequence. *Track & field quarterly review* (Kalamazoo, Mich.); 90(4), Winter 1990, 29-34.

Belloti, P. (1980). *Metodología del entrenamiento de saltos*. Sesión Técnica, RFEA, ENE, Madrid.

Berenguer, R. (1964) El salto de altura. *Cuadernos E.N.E.*, Madrid.

Boiko, V.; Nikonov, I. (1992). What's new in pole vault technique. *Fitness and sports review international* (Escondido, Calif.); 27(2), 60-61.

Bosco, C. (1994). *La valoración de la fuerza con el test de Bosco*. Paidotribo, Barcelona.

Bravo, J. (1983). *Historia de las Técnicas*. RFEA, Madrid.

Bravo, J.; Lopez, F.; Ruf, H.; Seirul-lo, F. (1992). *Atletismo II. Saltos*. C.O.E., Madrid.

Brüggeman, G. (1994). Biomechanical considerations on jumping in sports, an approach to a fundamental understanding. En: Barabás, A.; Fabian, G. Biomechanics in Sport XII: proceedings of the 12th International Symposium on Bimechanics in Sport. Budapest, pp. 1-16.

Cannister, M. W. (1982): Mechanical and muscular analysis of the triple jump technique. *Track & field quarterly review* 82(4), 22-23 Refs: 4.

Cometti, J. (1988). *Pliometría*. Documento traducido, CAR de San Cugat, Barcelona.

Conrad, A.; Ritzdorf, W. (1992). Analisi biomeccanica del salto in alto. *Nuova atletica*, 20(114), 122-138.

Cooper, J.N. (1975) Kinesiology of high jumping. En: Martin, T.P. (ed.). *Biomechanics of sport: selected readings*. Brockport, N.Y., State University of New York College, 1975, pp. 72-77.

Costello, F. (1981) Straddle high jump: technique and training. En: Gambetta, V. (ed.). *Track and field coaching manual*. West Point, N.Y., Leisure Press, pp. 181-185.

Cureton, T.K. (1985). Mechanics and kinesiology of the high jump. En: Cureton, T.K. (ed.). *Human performance: efficiency and improvements in sports, exercise and fitness*. Reston, Va., American Alliance for Health, Physical Education, Recreation, and Dance, pp. 537-541.

Dapena, J.; McDonald, C.; Cappaert, J. (1990). A regression analysis of high jumping technique: *International journal of sport biomechanics* 6(3), 246-260.

Dapena, J. (1993). Biomechanics of elite high jumpers. *Track and field quarterly review* (4), 25-30.

Dapena, J. (1995). The rotation over the bar in the Fosbury Flop high jump. *Track Coach*, (132), 4201-4210.

Dawson, M.L. (1982) *Dynamics of the approach run of the flop style high jump technique*. Microform Publications, University of Oregon, Eugene, Ore, 1982, 2 microfiches: negative; 11x15 cm.

Dickwach, H.; Herzfeld (1984). Du Problemen der technischen Vervollkommnung im Dreisprung. (On the problems of perfecting technique in triple jump.) *Theorie und Praxis Leistungssport* (Leipzig); 22(5), 51-59.

Dyson, G.H. (1982). *Mecánica del atletismo*. Stadium, Buenos Aires.

Fowler, N. (1995). The relationship between strength and performance in elite long and triple jumper. En: Viitasalo, J.; Kujala, V. (eds). *The way to win.*: proceedings of the International Congress of Applied Reesearch in Sports, Helsinki, pp. 163-166.

Furry, D. (1994). Triple jump technique and teaching progression *Track and field quarterly review* (Kalamazoo, Mich.); 94(4), Winter, 23.

Glize, D. (1995). Effet de l'habileté sur le controle de la locomotion a hautes contraintes spatio-temporelles: le cas du saut en longueur. *STAPS, Revue des Sciences et Techniques des Activités Physiques et Sportives*, 16 (36), pp. 108-109.

Gros, H.; Terauds, J. (Applications of biomechanics cinematography to research and coaching aspects of the pole vault. En: Terauds, J. (de). *Biomechanics iin Sports*: proceedings of the International Symposium of Biomechanics in Sport. Academis Publishers, Del Mar, California, pp. 269-277.

Grosser, M.; Neumaier, A. (1986). *Técnicas de entrenamiento.* Martínez Roca, Barcelona.

Gutiérrez, M.; Soto, V.; Gutiérrez, A.; Oña, A.; Arellano, R. (1991). *Análisis Biomecánico del Salto de altura.*

Hay, G. (1995). Il punto sulla biomeccanica del salto in lungo. *Nuova atletica*, 23 (130), pp. 5-10.

Hay, J. G (1977) Hay technique; ultimate in high jump style? *Track & field quarterly review,* (3), 5-8.

Hay, J.G. (1994). The current status of research on the biomechanics of the long jump. Track Technique, (128), pp. 4089-4093.

Hay, J. (1988). *Practical findings from recent research on the horizontal jumps.* T.A.C.

Houvion, M. (1983). Pole vault. En: IAAF, *Athletes in Action*. Pelham Books, Londres.

Houvion, M. (1984). Perfectionament du perchiste. *Education Physique et sport*, 1987, París.

Johnson, J. (1988). Pole vault technique & training guidelines. *Track & field quarterly review* (Kalamazoo, Mich.); 88(4), Winter 1988, 27-32.

Komi, P.V.; Bosco, C. (1978). Utilization of stored elastic energy in leg extensor muscles by men and women. Medicine Sci. Sports, 10: 261-265.

Krzesinski, A. (1983). Pole vault. *Track Technique*, 96.

Larkins, C. (1990). The optimal contribution of the phase distances in the triple jump: novice versus elites. En: Kreighbaum, E.; McNeil, A. (eds). *Biomechanics in Sport VI*: proceedings of the 6th International Symposium of Biomechanics in Sport, Bozeman, Montana, pp. 197-205.

Larkins, C. (1993). A biomechanical analysis of novice triple jump technique. *Track-technique* (Mountain-View, Calif.); (122), 3882-3886; 3906-3907.

Lasocki, A. (1981). *Entrenamiento de los saltos horizontales.* Sesión Técnica. RFEA, Madrid.

Leger, P. (1988). Le saut en hauteur: technique et pedagogie. (High jump - technique and pedagogy. *EPS: education physique et sport)* (209), 34-39.

Li-Jianshe; Hu-Shongyuan; He-Hui (1992) Biomechanical evaluation of female triple jumping. *Sports science* (Beijing); 12(2), 69-72.

Lohman, W. (1985). Principles of beginners training jumping events. *Track Technique*, 91.

López Calbet, J.A.; Ferragut, C.; Cortadellas, J.; Arteaga,R. (1997). Relación entre la capacidad de salto y la aceleración. Ponencia presentada en el *I Congreso Internacional de Biomecánica ciudad de León*, INEF, León.

López, F. (1992) Salto de altura. En Atletismo II - Saltos. Comité Olímpico Español, Madrid, pp. 27-104.

Mann, R. (1986). Plyometrics. *Track Technique*, 97.

Myers, L. (1983). Coaching the triple jump - the technique of triple jumping. *Track & field quarterly review* 83(4), 16-17.

Ovanesian, I. (1985). Fundamentals for long jump. *Track and Field Quarterly*, 4.

Ozolin, N. (1974) Mecanique de l'appel. *Amicale des entraineurs francais d'athletisme* 42(1), 65-69.

Petrov, A. (1990). Consideraciones sobre la técnica y el entrenamiento del salto con pértiga. *Cuadernos de Atletismo*, 29, ENE, Madrid.

Popov, V. (1975). Specific long jump conditioning. *Modern Athlete and Coach*, 1.

Quercetani, R. (1985). Tres cuartos de siglo de historia de triple. De Ahern a Banks. *Atletismo Español*, nº 361, 362.

R.F.E.A./C.A.R. (1990). *Fuerza y capacidad de salto*. Documento no editado.

Rogers, J. (1994). The flop high jump technique. *Track and field quarterly review* (4), 24-25.

Ruf, H. (1992). El Salto con Pértiga. En Bravo, J. et al. *Atletismo II. Saltos*, C.O.E., Madrid.

Seirul-lo, F. (1992). Salto de longitud y triple salto. En Bravo, J. et al. *Atletismo II. Saltos*, C.O.E., Madrid.

Simler, J.J. (1968). Un siècle de saut en longueur. *Cahiers d'athletisme*, París.

Sloan, R. (1993). Mechanics of the pole vault. Track and Field quarterly review, 93 (4), pp. 38-39.

Táncic, D. (1987). Prácticas de Saltos. *II Jornadas de estudios ENE*, Madrid.

Tidow, G. (1990). Models for teaching ans assesing movements in athletics: the long jump. Track Technique (113), pp. 3607-3615.

Tschiene, P. (1988). Nuovi orientamenti nella planificazione dell'allenamento. *Atleticastudi*, 6.

Uzlov, G. (1982). Triple jump technique. *Modern athlete and coach* 20(3), 16-18.

Vaslin, P., Cid, M. (1993). Les facteurs de la peformance en saut a la perche dans la literature scientifique. STAPS, *Revue des Sciences et Techniques des Activites physiques et sportives*, 14 (31), pp. 75-86.

Ward, R.D.; Cooper, J. M. (1977). Kinematic and kinetic analysis of the straddle style high jump take-off. *Track & field quarterly review* (3), 48-51.

Woznik, T. (1981). Diagnose und Ansteuerung der Stabhochsprungtechnik. (Assessment and optimization of pole-vault technique.) *Leistungssport* 11(6), 1981, 527-535.

Yu, B., Hay, J.G. (1995). Angular momentum and performance in the triple jump: a cross-sectional analysis. *Journal of applied biomechanics*, 11 (1), pp. 81-102.

Zamparo, P.; Antonutto, G.; Capelli, C.; Girardis, M.; Sepuckri, L.P.; Di Prampero, P.E. (1997). Effects of elastic recoil on maximal explosive power of the lower limbs. *European Journal of Applied Physiology*, 75, 289-297.

Zotko, R. (1988). *Control del proceso de entrenamiento de los saltadores*. XI Congreso IFTCA, Barcelona (publicado en *Cuadernos de Atletismo* n° 27).

LANZAMIENTOS

Arbeit, E.; Bartonietz, K.; Borner, P.; Hellman, K.; Skibra, W. (1988). The view of the DVFg of the GDR talent selection technique and main training contents from beginner to top level athletes. New Studies in Athletics, 8, pp. 57-74.

Ariel, G.B., et al. (1980). Biomechanical analysis of the javelin throw. *Track Field Q. Rev.*, 80(1), 9-17.

Ariel, Y. (1974). Analyse biomecanique des meilleurs lanceurs de poids du monde realisé sur ordinateur. *Amicale des Entraineurs françaises d'atletisme*, 42(1), pp. 28-34.

Bakarinov,Y. (1990). Theoretical aspects of training control for highly qualified throwers. *NSA*, 1.

Bartlett, R.M. (1982). *Variations in javelin throwing technique*. Communication the Sport and Science Conference, Cristal Palace, Londres.

Bartlett, R.M. (1983). Cinematographical analysis of an international javelin thrower. *Athletics Coach*, 17, 10-19.

Bartlett, R.M. (1987). *The aerodynamics of javelin flight: a re-eva-
luation*. Invited Communication to the Fifth Symposium of Biomechanics in Sports. Athens.

Bartlett, R.M. (1992). The biomechanics of the discus throw: a review. *Journal of Sport Sciences*, 10(5), pp. 467-510.

Bartlett, R.M.; Mueller, E.; Lindinger, S.; Brunner, F.; Morris, C.
(1996). Three dimensional evaluation of the kinematic release parameters for javelin throwers of different skill level. *Journal of Applied
Biomechanics*, 12(1), pp. 58-71.

Bartonietz, K. (1994). A biomechanical analysis of throws with different weight and lengrh hammers. *Modern Athlete and Coach*,
32(4), pp. 33-36.

Bartonietz, K.; Borgstom, A. (1996). Hammer throw technique
characteristics. *Thrower*, (70), pp. 26-29.

Best, R.J.; Bartlett, R.M. (1987). *Ladie's javelin: aerodynamics,
flight simulation and biomechanical considerations*. Communication
to the Fifth International Symposioum of Biomechanics in Sports. Athens.

Bondarstschuk, A.P. (1987). La técnica moderna en el lanzamiento
de martillo. *Cuadernos de Atletismo*, 20, pp. 65-72. Actas del Congreso de la E.A.C.A., Aix-les-Bains.

Bosco, C. (1993). Evaluation and control of basic and specific muscle behavior (part II). Track Technique, 124, pp. 3947-3956.

Bosen, K.O. (1985). A comparative study between the conventio-
nal and rotational techniques of shot put. *Track and Field Quarterly
Review*, 85(1), pp. 7-11.

Bravo, J. (1986). *Historia de las Técnicas*. RFEA/ENE, Madrid.

Bravo, J.; Duran, J.; Martínez, J.L.; Campos, J. (1993). Atletismo III.
Lanzamientos. Comité Olímpico Español, Madrid.

Campos, J. (1993). Lanzamiento de Jabalina. En: Bravo, J. et al.
Atletismo III. Lanzamientos. C.O.E., Madrid, pp. 231-286.

Campos, J.; Navarro, E.; Vera. P.; Llobregat, R. (1995). *Evaluation
og kinematic parameters of javelin throwers in relation to performance. The use of three-dimensional data of the movement*. En: Barabas, A.; Fàbian Gy. *Biomechanics in Sports XII*. Hungarian University
of Physical Education, pp. 360-362.

Campos, J.; Ramón, V. (1996). *Una experiencia en el seguimiento
de la técnica de lanzamiento de los mejores jabalinistas españoles
mediante análisis biomecánico. Revista ICD, de Investigación y Cien-*

cias del Deporte, n° , pp. Ministerio de Educación y Ciencia, Consejo Superior de Deportes, Madrid.

Carnevalli, R. (1984). Il lancio del disco. *Atleticastudi*, n° 3.

Dapena, J. (1989). A kinematic study of center of mass motion in the hammer throw. *Journal of Biomechanics*, 19, 2, pp. 147-158.

Dapena, J. (1995). Aspetti biomeccanici del lancio del martello. *Nuova Atletica*, 23(132), pp. 93-99.

Dapena, J. (1994). New insights on discus throwing. *Track and Field Quarterly Review*, 94(3), pp. 37-42.

Deporte, E. y Van Gheluwe, B. (1988). Ground reaction forces and moments in javelin throwing. En: *Biomechanics XI-B*. (Editado por Groot, G.; Holander, A.P.; Huijing, P.A.; e Ingen Schenau, G.J. Van.) Free University Press, Amsterdam, 575-581.

Duran, J. (1993). Lanzamiento de Martillo. En: *Atletismo III. Lanzamientos*. Comité Olímpico Español, Madrid, pp. 157-229.

Dyson, G.H. (1982) *Mecánica del atletismo*. Stadium, Buenos Aires.

Ecker, T. (1978). Mc. Wilkins: Olympic discus thrower. *Athletic Journal*, 58(6), pp. 60-61.

Egger, J.P. (1994). Reflections on the evolution of performance in the shot put. *New Studies in Athletics*, IAAF, Londres, 9(1), pp. 9-13.

Flatten, K. (1980). Biomechanics of the javelin throw. *Track Technique*, 78, 2483-2486.

Gregor, R.J.; Whiting, W.P.; McCoy, R.W. (1985). Kinematic analysis of olympic discus-throwers. *International Journal of Sport Biomechanics*, 1(2), pp.131-138.

Grood, E. S.; Suntay, W.J. (1983). A joint coordinate system for the clinical description of three dimensional motions: applications to the knee. *J. Biomech. Eng.* 105 (2), 136-144.

Guarnelli, G. (1994). L'evoluzione delle specialità di lancio dai 12 ai 17 anni. Atleticastudi, 2, pp. 139-151.

Gutierrez Dávila, M.; Soto, V.M. (1995). Análisis biomecánico del lanzamiento del martillo. En: ICD, *Análisis Biomecánico de los lanzamientos atléticos*, Consejo Superior de Deportes, Madrid, pp. 4-45.

Gutiérrez, M. (1988). Biomecánica aplicada a los saltos. En: *Estructura Biomecánica de la motricidad*. pp. 385-391. INEF de Granada, Granada.

Hatze, H. (1980). A mathematical model for the computational determination of parameter values of anthropomorphic segments. *J. Biomechanics*, 13(10), 833-844.

Hay, J.G. (1980). *Biomecanique des techniques sportives*. Vigot, París.

Hay, J.G.; Yu, B. (1996). Weight shift and foot placement in throwing the discus. *Track Coach* (135), pp. 4297-4300.

Hochmuth, G. (1973). *Biomecánica de los movimientos deportivos*. Doncel, Madrid.

Hubbard, M.; Alaways, L.W. (1987). Optimum release conditions for the new-rules javelin. *International Journal of Sport Biomechanics*, 3, 207-221.

I.A.A.F. (1985). Athletes in Action. International Amateur Athletic Federation, Londres.

Ikegami, Y., et al. (1981). Biomechanical analysis of the javelin throw. *Biomechanics VII-B* (Edited by Morecki, A. and Fidelus, K.), 271-276. Baltimore: University Park Press.

Jaureguizar, A. (1972). Historia del lanzamiento de Peso. *Atletismo Español*, n° 202 al 206, Madrid.

Knicker, A. (1992). Kinematic characteristics of the discus throw. *Modern Athlete and Coach*, 30 (1), pp. 3-6.

Knicker, A. (1994). Kinematic analysis of the discus throwing competitions at the World Athletics Championships 1993 in Stuttgart. International Society of Biomechanics in Sport. En: Barabas, A.; Fabian, G.(eds). *Biomechanics in Sports XII*. Proceedings of the 12th symposium of the International Society of Biomechanics in Sports, Budapest.

Kuznetsov, V. (1965). Path and speed of yhe hammer in the turns. *Legk. Atleticka*, 11, pp. 11-12.

Lajos, B. (1986). *Traité d'Athletisme*. Vigot, París.

Lindsay, M.R. (1995). A comparison of the rotational and O'Brian shot put technique. *Thrower*, (65), April, pp. 23-27.

Losch, M. (1993). Training derivations from biomechanical studies in the hammer throw. *Thrower*, (59), pp. 4-9.

Lyberg, W. (1997). History and Facts, International Olympic Committee, Lausanne.

Maheras, A.V. (1996). *The relationship between the angle of release and the velocity of release in the shot put, and the pplication of a theoretical model to estimate the optimun angle of release*. University Microfilm International. Thesis, University of Kansas.

Maheras, A. (1992). Physiological and mechanical principles of discus throwing. *Track and Field Quarterly review*, 92(3), pp. 32-41.

Martínez, J.L. (1993). Lanzamiento de Disco. En: Bravo et al. *Atletismo III. Lanzamientos*. COE, Madrid, pp. 106-158.

McCoy, R.M.; Gregor, R.J.; Whiting, W.C.; Rich, R.G.; Ward, P.E. (1984). Kinematic analysis of elite shotputters. En: Dales, G.G. (ed.). Proceedings of the *International Track and Field Coaches Association IX Congress.* Santa Monica, California, pp. 92-95.

Menzel, H.J. (1987). Transmission of partial momenta in javelin throw. En: *Biomechanics X-B.* (Editado por Jonsson, B.), 643-647. Human Kinetics Publishers: Champaign.

Milanovic, D.; Mejovsek, M.; Hraski, Z. (1996). Kinematic analysis of javelin release characteristics - a case study. *Kinesiology,* 28(1), pp. 44-47.

Miyazaki, S.; Ishida, A. (1991). New mathematical definition and calculation of axial rotation of anatomical joints. *J. Biomech. Engineering,* 113, 270-275.

Morris, C., Bartlett, R.M. (1993). A kinematic study of the techniques of *hammer throwers of varying abilities.* En: *Abstracts* of International Society of Biomechanics, XIVth Congree, París, pp. 910-911.

Morris, C.; Bartlett, R.M. (1994). Biomechanical analysis of the hammer throw. *Thrower* (62), pp. 8-12.

Morris, C.J.; Barlett, R.M. (1995). The height of carry on the javelin and its relation with throwing performance. En: Viitasalo, J.; Kujala, U.(eds). *The way to win.* Proceedings of the International Congress on Applied Research in Sports held in Helsinki, pp.133-136.

Myers, B. (1983). Review of the technical biomechanics literature in the javelin. *Track Field* Q. Rev., 83(1), 47-51.

Navarro, E. (1994). *Analisis biomecánico de la técnica individual del lanzamiento de jabalina.* Tesis Doctoral, Escuela Técnica Superior de Ingenieros Industriales. Universidad Politécnica de Valencia.

Neumann, G. (1993). Zum zeitlichen Ablauf der Anpassung beim Ausdauer training. Leistundssport, 5, pp. 9-14.

Pozzo, R. (1987). Metodi biomeccanici nell'allenamento del lancio del martelo. Aspetti sui processi informativi. *Atleticastudi,* 4, pp. 219-234.

Pozzo, R.; Bauman, W.; Schwirtz, A.; Locatelli, E.; Bosco, C. (1988). Biomeccanica del lancio del disco. *Rivista di Cultura Sportiva,* 7(14), pp.71-77.

Psiakis, I. (1983). Lanzement au poids en rotation. *Amicale,* n° 85, París.

Quercetani, R. (1985). Tres cuartos de siglo de historia de triple. De Ahern a Banks. *Atletismo Español,* n° 361, 362.

Rongy, R. (1991). Contribution a l'apprentissage des lancers athletics. Amicale, 118.

Salchenko, I.; Smirnov, M. (1982). Muscle activity in the javelin throw. Sov. Sports Rev., 17, 110-113.

Stancher, S. (1989). Atletismo. Preparación técnica de los lanzadores. Editorial Científico-Técnica, La Habana, Cuba.

Susnaka, P. (1987). Hammer athlete relationship during the hammer throw. En: Terauds, J. (ed.) et al. *Biomechanics in Sports III & IV*. International Symposium of Biomechanics in Sports, Halifax, pp. 194-200.

Terauds, J. (1978). Technical analysis of the discus. *Scholastic Coach*, 47(8), pp. 98-104.

Terauds, J. (1979). Discus teaching sequence and technique. *Track and Field Quarterly Review*, 79 (4), pp. 46-53.

Thriurmer, M. (1980). Reflexiones sobre los principios y métodos de preparación de los lanzadores según el entrenador hungaro Koltai. *Cuadernos de Atletismo*, n° 3, E.N.E.

Tsarauchas, L.; Giavroglou, A. (1986). *The javelin throw*. En: IAAF Biomechanical Research Athens '86. (Editado por Susanka, P.; Brüggemann, P.; Tsarouchas, L.) PEP, Athens, K1-K21.

Tschiene, P. (1980). Nuevos elementos en la técnica del lanzamiento de martillo. *Cuadernos de Atletismo*, 3. (Traducido de la revista *Leichtathletik*, 16, 1977.)

Tschiene, P. (1985). Medios de entrenamiento para los lanzadores. *Cuadernos de Atletismo*, n° 17, E.N.E.

Tschiene, P. (1985). Shot put. En *Athletes in Action*. I.A.A.F., Pelham Books, Londres.

Tschiene, P. (1988). The throwing events. Recent trends in technique and training. New Studies in Athletics, 1, pp. 7-17.

Ward, R.O.; Ward, P.E. (1978). Kinematic approach to discus analysis. *Scholastic Coach*, 47(7), pp.112-114.

Whitbread, M. (1982). Biomechanics of javelin throwing. *Athl. Coach*, 16(4), 8-12.

Young, W. (1992). Y lanci. Atletica Leggera, 392, pp. 49-55.

Zatsiorski, V.M.; Lanka, G.E.; Schalmanov, A.A. (1980). Biomechanical problems of the shot put. *Leistungssport*, 10(2), pp. 132-142.